マンガと図解でしっかりわかる

はじめての新NISA&iDeCo

成美堂出版

お金を増やす方法を知りたい!

今日は会社の先輩と飲み会
う～ん……
先輩どうしたんですか?
妙に暗いっすよ
佐藤諒太 28歳
お金は使い切るタイプ
父親が1年前にやってたお店閉めたんだよね
突然で…
山田華先輩 34歳
将来を不安視している
それで年金だけの生活で不安不安いってるのを見てると
これだけなんてヒドイ!
父
私も不安になってきて
モグモグ
ふ～ん
でも毎月の年金で生活できるんじゃないですか?
年金サマサマですね～
うち自営業だったから二人合わせても毎月14万円ぐらいにしかならないみたいなんだよね
ハア～
14万!?
めっちゃ少なくないですか?
俺絶対ムリです!
だからそういう話をしてるのよ

それに 実家も古くなってきたからリフォームしたいんだけど
そうすると貯金の大半を使うことになるっていってて……
イヤ〜〜
あぁあぁ〜〜
それって先輩も援助する感じなんですか？
モグモグモグ
それはいわれてないけど……
なんか大変ですね……
あっビールおかわり
私の旦那もフリーで仕事しているから同じぐらいの年金額かって思うと将来大丈夫かなって考えちゃってね
夫
フリーライター
まーー
なんとかなりますよ！今から頑張って貯金すればいいでしょ！
佐藤君は能天気でいいね……
若いね……
若いだけだけど…
ほめても何も出ませんよ
まぁ俺は将来有名YouTuberとして活躍して億万長者になってるはずなので
ふふっ
はいぃー？
俺ゲーム動画とか配信してるんですよ！まだ登録者数10人ですけど！
サインほしいなら今のうちですよ
ヒヒヒヒヒ

お待たせしました！
遅れてすみません
田中香 27歳
マイナス思考
あれ？どうしたんですか？
遠い目……
イエーイ
先輩が将来のお金についてグチグチ悩んでるの！心配したってしょうがないのに！
辛い老後生活おくりたくないじゃん！はぁ お金の心配がいらない暮らしがしたい……
ナニソレ
俺と一緒にYouTubeやります？
やらない！
香ちゃんはしっかりしてるから毎月ちゃんと貯金してそう
うーん
一応毎月3万円は貯金しようとは思ってるんですけど
マジでっ
俺は毎月余ったぶんが貯金だよ！今いくらあるかわかんないけど！
記帳するの忘れてて
無視
でも65歳まで毎月3万円貯金する前提でも結局1400万円くらいにしかならないんですよね
あーそうかー
現在27歳
退職時の年齢：65歳
退職までの年数：38年
38年×12カ月×3万円
=13,680,000円
通帳

昔話題になった老後資金2000万円には届かないね…
ムナシイ…
えーなんスかそれ
ハイ…
私もそれぐらいないと将来不安だなって思って目標にしているんですけど…
でも最近は物価も上がってきているので月3万円の貯金も難しくなってきてて…
うちの会社は退職金もないですし
ああーオレの金…
でもさ計画的な香でさえ目標の金額には届かないわけじゃん
2000万円ためられなかった
ってことはムリじゃない？
今から退職までに2000万円貯めようと思うと毎月約4万4000円も貯金しないといけないんですよ！
それって結構厳しい数字だよね
ほんとどうしようかな
実は私最近お金関係のセミナー行ってるんですよね
何それ！
だからYouTubeでひと山あてましょうよーー

めっちゃ頼りになる！
聞いたこと教えて！
やったー
教えられるほど
知識ないですよ
先週と今日の
2回しか
行ってないですもん
ふ――ん
だから今日の飲み会
遅れたんだ！
隠れて勉強かっ
ね――ね――
ほら
口に出すことで
頭が整理されるって
いうじゃん！
いってみて！
早く
早くっ
え～と…
ゴソゴソ
お金を増やすためには
3つのポイントがあって
まずは
長期
積立
分散
の観点から
考えることが重要で……
??
?
これを意識すると
リスクを軽減しつつ
お金を増やせる可能性が
高くなるそうです
???
そんな
都合よくいくの？
詐欺じゃない？
コワイコワイ
ちがうよ！
ちゃんとした
先生たちだったよ！
それで？
そのためには
どうするの!?
ギラギラ
メモ

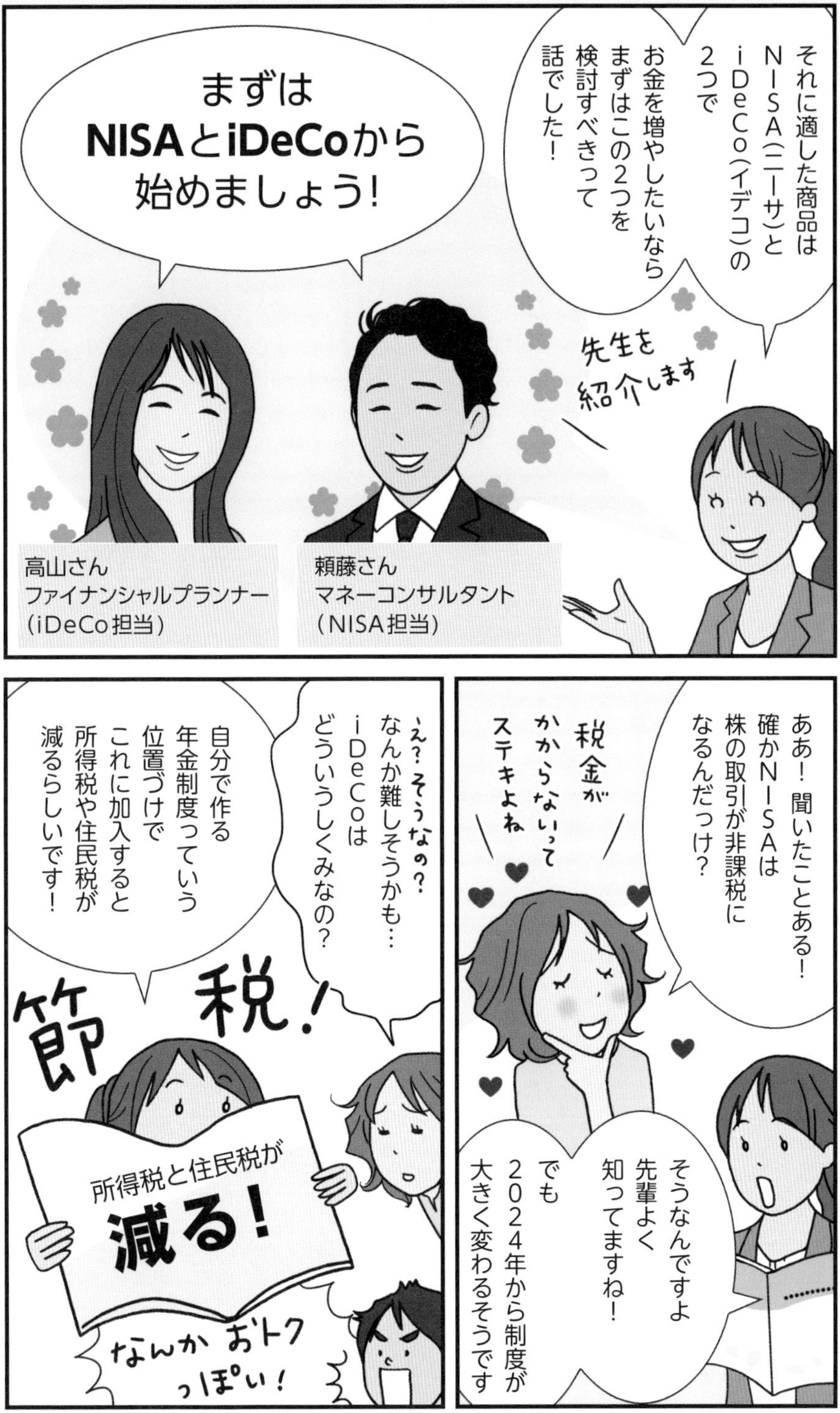

それに適した商品は
NISA(ニーサ)と
iDeCo(イデコ)の
2つで
お金を増やしたいなら
まずはこの2つを
検討すべきって
話でした!
先生を紹介します
まずは
NISAとiDeCoから
始めましょう!
頼藤さん
マネーコンサルタント
(NISA担当)
高山さん
ファイナンシャルプランナー
(iDeCo担当)
ああ! 聞いたことある!
確かNISAは
株の取引が非課税に
なるんだっけ?
税金がかからないってステキよね
そうなんですよ
先輩よく
知ってますね!
でも
2024年から制度が
大きく変わるそうです
え?そうなの?
なんか難しそうかも…
iDeCoは
どういうしくみなの?
自分で作る
年金制度っていう
位置づけで
これに加入すると
所得税や住民税が
減るらしいです!
節税!
所得税と住民税が
減る!
なんかおトクっぽい!

節税いいね! 住民税高いし 毎月給与明細見るたびに ホント腹たつ!
呪!
で どれから やればいいの?
そこが悩みなんです! 先生の話を聞いていると 2つともすごく 魅力的なんです!
あ そうだ!
今度 先生たちに 相談しに 行く予定なので 先輩も行きますか?
え! 行く! 絶対行く!
いいの?
なんで先輩だけっ
俺も誘ってよ!
あんたはYouTubeの動画でも撮ってなさいよ
ひどい! お金にはうといけど お金は大好きなんですよ!
見苦しい……
じゃあ 来週みんなで 一緒に行きましょう!
ありがとう!
なんか 未来の 老後生活が 輝いてきた 気がする!
お金の海で寝たい
カンパーーイ!
―ということで みんなで先生の オフィスへ……

先輩
行きますよ……
OKカモン!!
バラ色の未来!
先輩のところだけへんな風が吹いてますよ…
でも
俺みたいな
お金がない人でも来て
よかったのかな……
急に不安に
なってきた……
だからいい先生たち
だってば!
そもそもお金がないから
それを増やすための方法を
相談しに来たわけじゃん
問題ない!!
おお〜!
今日は 先輩が
頼もしく見えます!
いつもよ!
チャッ
騒いでないで
早く行きますよ!
こんにちはー
カチャ
こんにちはー
よくいらっしゃい
ました
では 出陣!

Contents

はじめての新NISA&iDeCo 目次

巻頭マンガ お金を増やす方法を知りたい！……2

2024年改正 NISA制度が生まれ変わった！……16

CHECK! 新NISAの生涯活用プラン例……18

プロローグ

お金を貯めながら、自分で増やす時代です 生きるためには、お金がかかる！……20

貯金があっても安心できない ボーッとしているとお金は減る!?……22

より有利なところにお金を置こう お金の置き場所を考えてみよう！……24

無理なくできる投資から始めよう 投資の基本は長期・積立・分散……26

まずは、投資の感覚を養おう 投資は少額からでもスタートすべき！……28

あなたも節税家！ 30秒でわかるNISA iDeCoのポイント……30

コラム 資産運用で成功する人と失敗する人の違いとは？……32

第1章
誰でも非課税！ 新NISAのしくみ

第1章マンガ **NISAってどういう制度？** ……34

約20%分もおトクになる!? 税金をゼロにできるNISA ……38

これまでのNISAはもう終わり？ 2023年までのNISAはどうなる？ ……40

長期・積立・分散でコツコツ増やせる！ つみたて投資枠のしくみをチェック！ ……42

投資の代表格「株式投資」だって非課税になる！ 成長投資枠のしくみをチェック！ ……44

一生涯、いくらでも無制限で投資できるの？ 1800万円の生涯投資枠を使い切ろう！ ……46

つみたて投資枠と成長投資枠で扱う商品が異なる 新NISAで投資できる商品はどんなもの？ ……48

値上がり益、分配金・配当金、株主優待でおトクに生活 投資で手に入る「3つの利益」 ……50

マイナスにならない!? 20年投資の効果 値下がりには長期投資で立ち向かう ……52

少しの値上がりでも利益がでやすい！ 新NISAが長期投資にぴったりの理由 ……54

NISAの落とし穴に要注意！ 税金が安くならないケースもある ……56

コラム **NISAは海外赴任中の人も使うことができる？** ……58

第2章
老後資金作りの最強ツール！ iDeCoのしくみ

第2章マンガ **年金作りにはiDeCoが最適!?** ……60

年金だけでは生活できない時代がやってくる!? 年金の上乗せ分を自分で作る! ……64

iDeCoには、特有の税制優遇制度がある NISAよりも強力! 3つの税制優遇 ……66

お金を増やしながら税金を減らせる! 所得控除で、どのくらいおトクになる? ……68

早く始めた人ほどメリットが多くなる! 運用益非課税の効果を長く受けられる ……70

2通りの受け取り方で税金が安くなる 運用したお金を受け取るときにも優遇がある! ……72

ぜひ知っておきたい複利の力 長く続けるほどメリットがある! ……74

自分の掛金の上限をチェックしよう 人によって掛金の上限が異なる ……76

iDeCoの商品は定期預金・保険・投資信託 どんな商品で運用できる? ……78

60歳まで引き出せないからしっかり貯まる お金が長期間固定されるのが不安? ……80

iDeCoの改正内容を要チェック! iDeCo制度の注意点は? ……82

コラム 専業主婦(夫)でもiDeCoに入るべき? ……84

第3章 実践! 運用スタートまでのプロセス

第3章マンガ 口座開設が最初の壁!? ……86

NISAとiDeCo、どちらを優先する? 自分に向いているのはどの制度? ……90

NISA編① NISAスタートまでの流れ ……92

NISA編② NISAの金融機関選び ……94

NISA編③ NISAの口座を開設しよう……96
NISA編④ つみたて投資枠で商品を購入しよう！……98
NISA編⑤ 成長投資枠で個別株を購入してみよう！……100
iDeCo編① iDeCoスタートまでの流れ……102
iDeCo編② iDeCoの金融機関選び……104
iDeCo編③ 申込書の書き方のポイント……106
iDeCo編④ 商品の配分指定をしよう……108
iDeCo編⑤ 税金を安くする手続きを忘れずに……110
コラム iDeCoで住民税が減ったかはどこで確認する？……112

第4章 必ず見つかる！ 自分にあった商品の見つけ方

第4章マンガ 無理しない投資から始める……114
何のためのお金を貯める？ 投資の目標を立てよう……118
どのくらいの損失なら受け入れられる？ 自分のリスク許容度を見極めよう……120
資産を減らしたくないときの商品 定期預金・保険で元本を守る……122
会社の成長の力を借りて増やせる！ 投資信託「株式型ファンド」……124
値動きは株に比べて比較的穏やか 投資信託「債券型ファンド」……126

世界中の不動産の間接的な大家さんになれる　投資信託「不動産投資信託（REIT）」……128
1本で複数の資産に投資　投資信託「バランス型ファンド」……130
資産配分が自動的に調整される　ターゲットイヤー型・リスクコントロール型……132
利益を左右する投資信託のコストを知っておきたい！　投資信託にかかる3つの手数料……134
投資信託の運用手法の違い　インデックス型とアクティブ型……136
自分にあった1本を見つける秘訣　投資信託選びのポイント……138
投資信託のおすすめはこれだ！　新NISA&iDeCoおすすめの投資信託……140
株のように売買できる投資信託　ETFって何？　投資信託とは違うの？……142
成長投資枠で個別株・ETFにも投資したい！　成長投資枠のおすすめ投資候補は？……144
少額・1株からでも株は買える　株を買うのに大金が必要ない時代に！……146
不労所得が手に入る株がある？　高配当株・増配を続ける株を探そう……148
成長投資枠で個別株に投資したい！　株式投資の国内外おすすめ銘柄……150
成長投資枠での「次」の投資先として！　ETFのおすすめ銘柄……152
コラム　金融機関の「おすすめ」は危険！……154

第5章　新NISAとiDeCoを最大限活用する投資戦略

第5章マンガ　長く運用を続けるための秘訣……156

自分にあった資産配分を考えよう　ポートフォリオの考え方……160

お金を減らさずに増やす方法が知りたい！　コア・サテライト戦略で資産を増やす……162

新NISAを最大限活用できる4つの方法　自分にあったNISAの投資戦略は？……164

投資金額が多いなら2つの制度をかしこく併用　新NISAとiDeCoを併用したい！……166

両制度を併用したい人向け！　新NISA&iDeCoポートフォリオ作成例……168

お金、きちんと増えていますか？　半年に1度は運用状況を確認しよう……170

お金が減った！　どうしよう…？　値下がりしていたら売るべき？……172

リバランスで過度なリスクを解消　iDeCoなら配分変更・スイッチングもできる……174

お金がなくて運用が厳しくなったらどうする？　iDeCoの中断は要注意！……176

退職（転職）したらiDeCoはどうなる？　移換手続きを忘れずに！……178

始めたあとに金融機関を変えたくなったら……　金融機関って一生変えられないの？……180

受け取り方で税金が大きく変わってくる！　iDeCo、最後はどうやって受け取る？……182

運用しながら取り崩すのがベスト！　NISAの出口戦略はどうすればいい？……184

コラム　**投資系インフルエンサーって信頼していい？**……186

おわりに……187

巻末マンガ　**投資生活は始まったばかり**……188

索引……190

れ変わった！

2024年からNISAの制度が大きく改正！新NISAの特徴を紹介します！

新NISAの主なポイント

●非課税でいつまでも投資できる！

30年でも
40年でも
ずっと非課税！

長期間かけて
じっくりと
お金を増やせます！

●2つのしくみが併用できる！

成長投資枠と
つみたて投資枠の
両方が使える。
もちろん非課税！

投資の幅が
広がります！

●年間の投資金額が増えた

つみたて投資枠
120万円
成長投資枠
240万円

つみたて投資枠も成長投資枠も投資できる金額が従来のNISA制度から大幅にアップ！　あわせて年間360万円投資できる！

2024年
改正

NISA制度が生ま

●生涯投資枠が設けられた

1人1,800万円まで
投資できる！

●生涯投資枠は再利用できる

売却の
翌年に復活！

引き出しやすいしくみになったので、ライフイベントにあわせてお金を用意しやすい！

●一部商品は購入できなくなった
（成長投資枠）

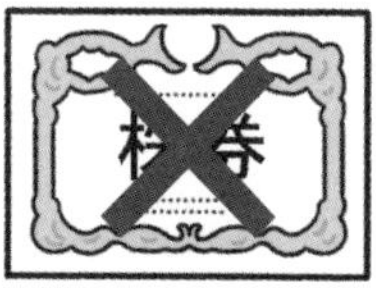

整理・監理銘柄※

※整理銘柄とは、上場廃止が決まった銘柄。
監理銘柄とは、上場廃止基準に該当するおそれがある場合に指定される銘柄

高レバレッジ型の投資信託
毎月分配型の投資信託

資産形成に不向きな商品は除かれています！

新NISAは、これから投資を始めるならまず最大限活用すべき、使い勝手のいい制度です！

活用プラン例

若いうちからNISAを始めることで、長期・積立・分散投資を長く続けられます！

20代

少額から試しに始めてみよう

3か月分程度の生活費が貯まったら、数千円の少額からつみたて投資枠での投資をスタート

投資戦略

つみたて投資枠で運用スタート

おすすめ投資商品

- インデックスファンド
- バランスファンド

30代～40代

ライフイベントにあわせて取り崩し

新NISAで積立投資しながら、住宅資金など大きなお金が必要なときは資産を一部売却して活用

つみたて投資枠と成長投資枠を使い分けて投資する

おすすめ投資商品

- インデックスファンド（つみたて投資枠）
- バランスファンド（つみたて投資枠）
- ETF（成長投資枠）
- 株式（成長投資枠）

NISAとiDeCoの併用を始める

新NISAで投資するときのおすすめ商品はP140で紹介しています！ そのほか、本書ではおすすめのETF・個別株も紹介しているので、ぜひ新NISAをスタートする際の参考にしてくださいね。

CHECK!

新NISAの生涯

50代

お金の最後の貯めどき！

一般に年収が最も高い時期。新NISAとiDeCoをフル活用して老後資金を準備

最大限出せる金額でNISAとiDeCoを併用する

おすすめ投資商品

・リスク許容度やどの程度積極的に運用したいかによる
→P168を参考に！

60代以降

年金の上乗せ分を用意しよう

新NISAでの積立投資は継続しつつ、高配当株・増配株といったお金のもらえる資産への投資を検討

60歳以降に受け取るiDeCoや退職金をNISAに回して運用を続ける

おすすめ投資商品

・インデックスファンド
・高配当株・連続増配株など

新NISAは一生涯にわたって運用益に税金がかからないので、複利効果と時間を味方につけて効率的にお金を増やせます！　老後も運用しながら取り崩しやすいです。

Prologue 1

生きるためには、お金がかかる!

お金を貯めながら、自分で増やす時代です

人生の三大資金とは?

2,500~5,000万円
マイホーム購入
住宅金融支援機構「2022年度フラット35利用者調査」より
約1,000~2,500万円

文部科学省「令和3年度子供の学習費調査」「私立大学等の令和3年度入学者に係る学生納付金等調査結果について」より作成
約1,300~1,800万円

総務省統計局「家計調査報告(2022年)」より作成
これからの人生にどれだけのお金がかかるかは、人によって違うよね。だけど、すべての人に共通するのは、何をするにもお金が必要で、これは、自助努力で貯めなきゃいけないということ!

ライフイベントに備える

人生にはさまざまなライフイベントがあります。ライフイベントにかかるお金の中でも、**教育費・住宅費・老後資金は「人生の三大資金」と呼ばれます。どれも金額が大きいため、前もって準備していく必要があります。**

教育費は公立や私立、文系か理系など、子どもが希望する進路によって必要な金額は異なりますが、子ども１人あたり最低１０００万円～２５００万円はかかるでしょう。お金が足りないから、子どもの進学を諦めるという事態は避けたいですよね。

年金だけでは毎月の生活費が不足する！

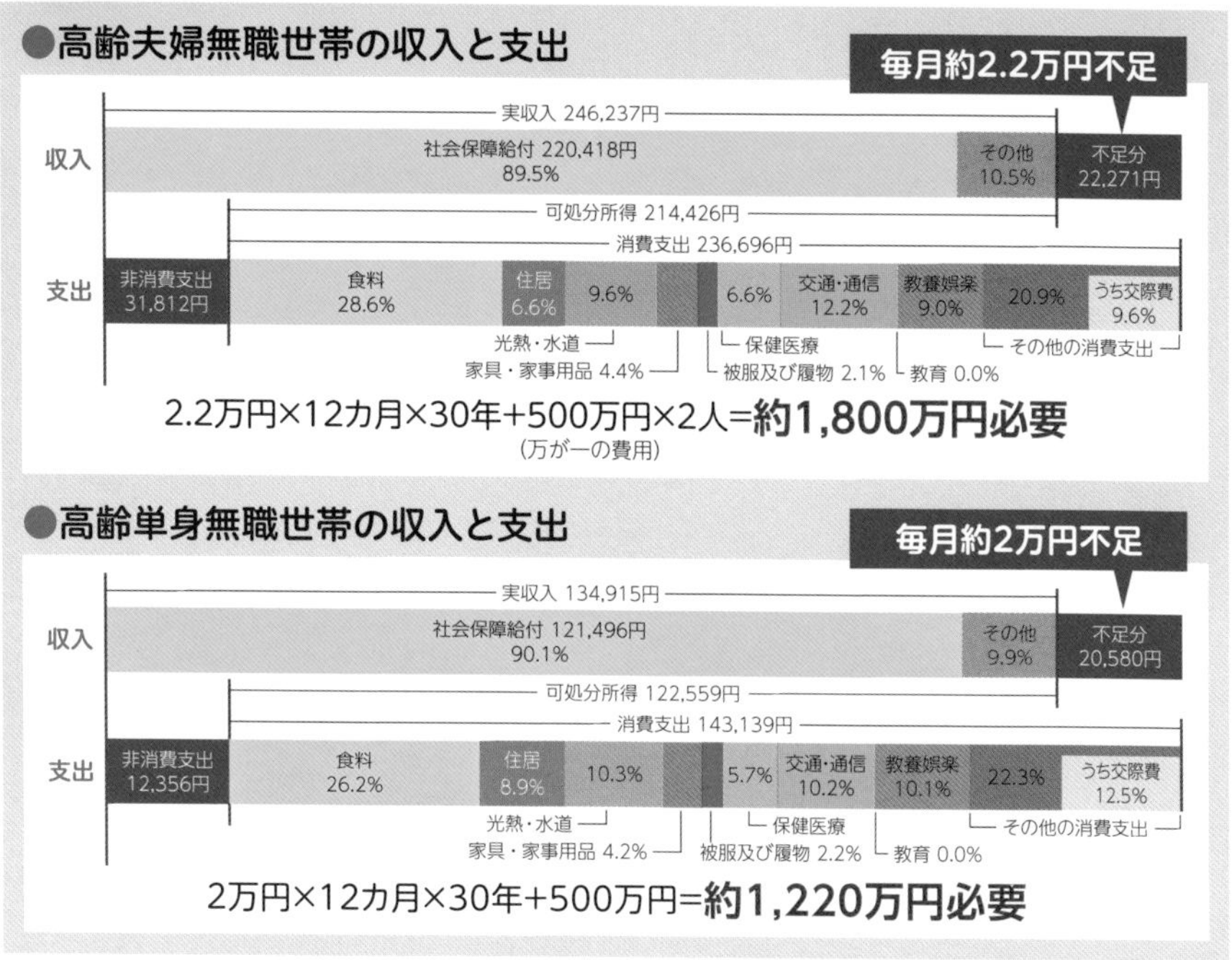

総務省「家計調査報告（2022年）」のデータをもとに作成

住宅費は住む地域で大きく変わりますが、自宅を購入するならば住宅ローンを借りて、数十年にわたって返済するのが一般的です。賃貸住まいならば、老後も家賃を支払い続ける必要があります。

老後資金がいくら必要なのか、総務省「家計調査報告（２０２２年）」を基に計算した上図を見てみましょう。これは、仮に65歳から30年生きるとして不足額を計算したものです。病気や介護などのお金を1人５００万円見込むと、夫婦で約１８００万円、単身でも約１２２０万円程度は自分で用意する必要があります。

これらの費用は、自助努力をしなければなかなか用意できません。お金を貯めて、増やしていくことが私たちに求められているのです。

Prologue 2

貯金があっても安心できない ボーッとしているとお金は減る!?

給料や退職金は昔と比べて減っている

かつて日本では、ひとつの会社で勤め上げれば年功序列で給料が増え、老後は退職金で悠々自適の生活が送れるという時代がありました。しかし、**今は、働いても給料が上がりにくいうえに、昔に比べると退職金も減っています。**

左上のグラフは労働者全体の賃金の推移を割合で示したものです。0%より多ければ増えたことを、少なければ減ったことを表しています。もらえる給料の額を表す名目賃金は、増えている年が多いです。しかし、物価を加味した給料の額を表す実質賃金は、ほとんどの年で名目賃金を下回っています。つまり、**給料は相対的に減っているのです。**

銀行預金も目減りする!?

では、お金を銀行に預金すれば増えるのかといえば、そうではありません。**銀行預金のお金は増えるどころか、実質的には目減りする可能性もあるのです！**　現在の普通預金の金利はわずか0.001%。100万円を1年間預けても利息はたったの10円（税引後8円）とスズメの涙です。もし金利よりも物価の上昇率が高ければ、同じ金額でも、買えるものが減ります。つまり、銀行に預けているにもかかわらず、お金の価値が相対的に減ってしまうのです。

ボーッとしているとお金は増えません。**給料が上がらない中、物価上昇分を増やしていかないと資産はどんどん目減りします。**

何もしなくてもお金が減る時代

●労働者の賃金の変化

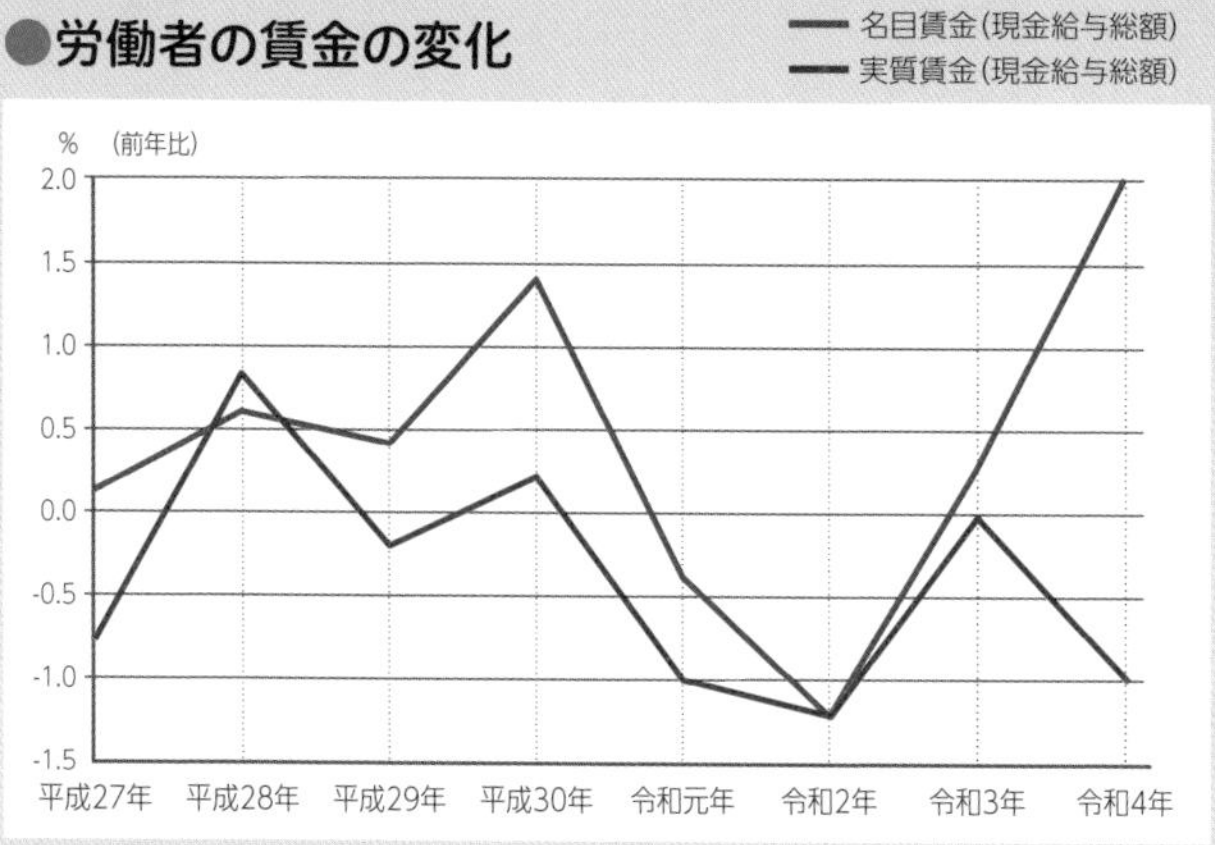

厚生労働省「毎月勤労統計調査 令和4年分」より作成

●退職金の移り変わり（勤続20年以上かつ45歳以上の定年退職者）

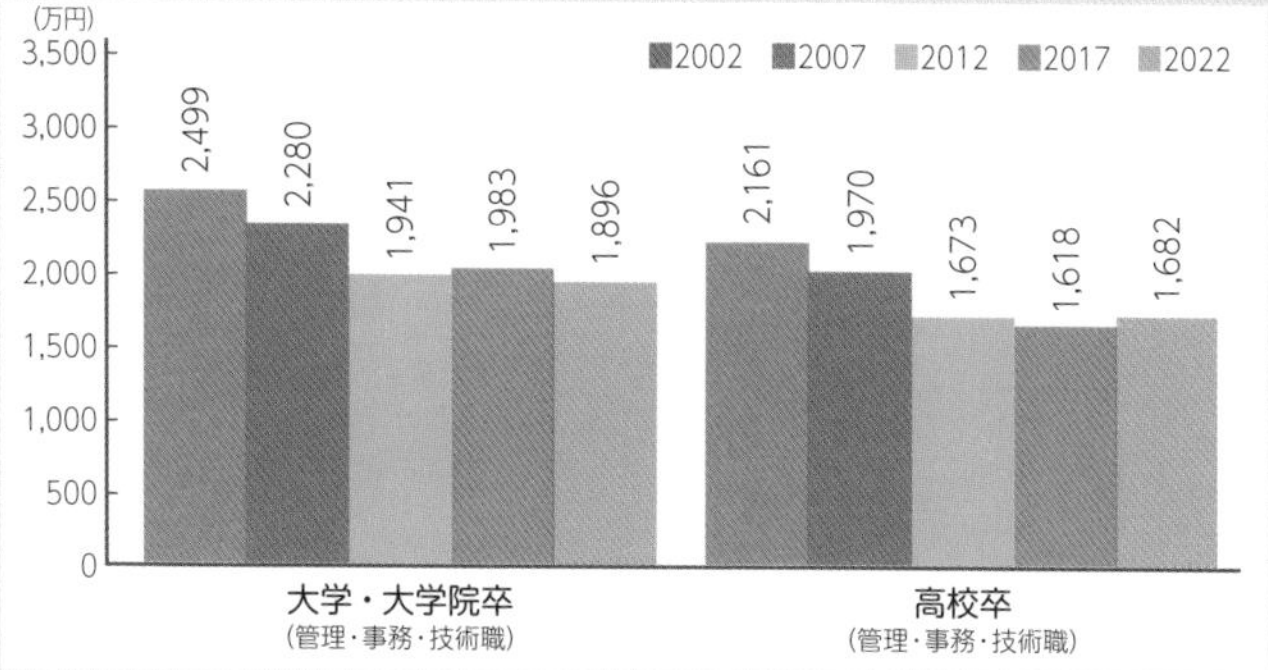

厚生労働省「就労条件総合調査」より作成

●物価上昇はじわりじわりと時間をかけて起こる

品目	1993年(30年前)		2013年10月(10年前)		2023年10月
小麦粉（1袋1kg）	206円	↗	232円	↗	345円
コーヒー1杯（喫茶店）	397円	↗	414円	↗	552円
洗濯代（Yシャツ1枚）	236円	↘	227円	↗	248円

※東京都区部小売価格を表示　出所:総務省「小売物価統計調査(2023年10月)」

Prologue 3

お金の置き場所を考えてみよう!

より有利なところにお金を置こう

日本人は銀行預金が大好き!?

日本人に「投資をしたことがありますか?」と聞くと、「はい」と答える人は、まだ少数派かもしれません。しかし、「銀行預金をしたことがありますか?」と聞いたら、ほとんどの人が「はい」と答えるでしょう。

日本人は預金好きです。日本銀行「資金循環統計」によれば、2023年3月末の日本の個人資産2043兆円のうち、現預金は約1107兆円。**総資産の約54%を占めている**のです。

逆に、**米国では、株式・投資信託・債券といった金融資産の割合が約56%**あります。日本と米国では、現預金と金融資産の割合が反対になっているのです。

お金の置き場所で「増え方」が違う

左図は、2002年から2022年までの20年間の日米の金融資産の推移を金融庁がまとめたものです。日米ともに増えていますが、日本の金融資産は20年間で1・4倍になったのに対し、**米国の金融資産は同期間で3・3倍にもなっています。**これが、現預金の多い日本と、金融資産の多い米国の差です。

昔は、預金さえすれば年数%の利息がつきました。しかし、前項でも紹介したとおり、銀行預金では、もうお金は増えない時代なのです。

お金を増やしていきたいと思ったら、お金をどこに置くかが重要。**お金の置き場所を、より増えるところに変えることが大切**です。

貯蓄より投資のほうがお金を増やせる

●日米の家計の金融資産構成

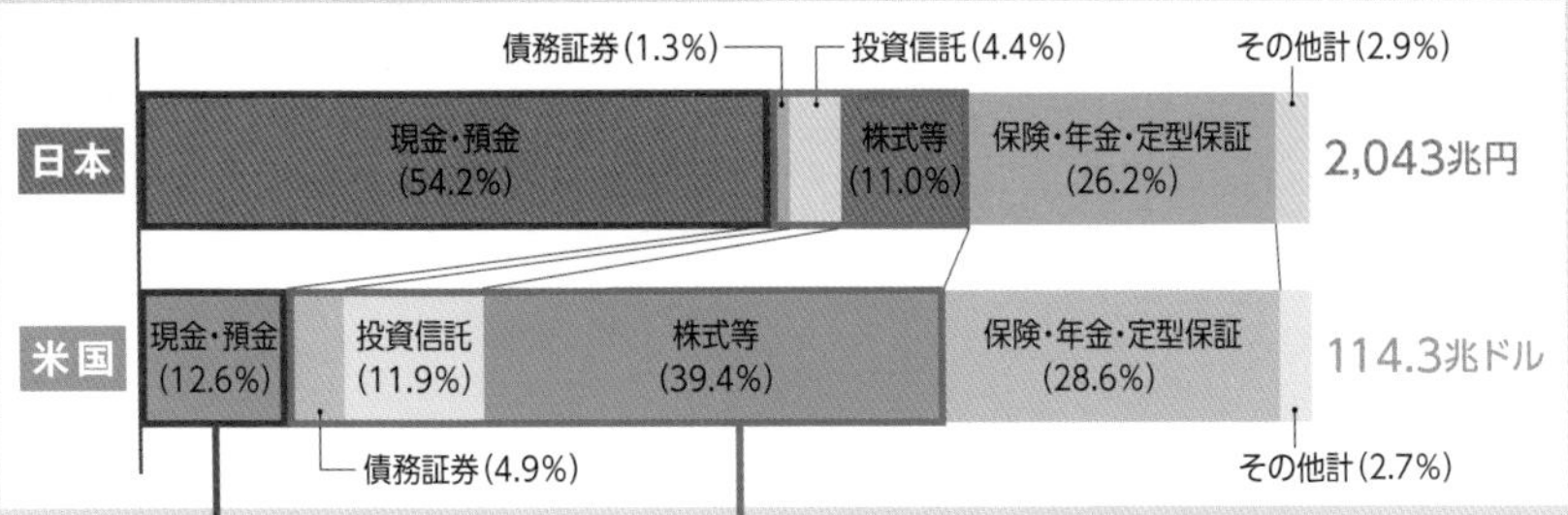

日本銀行「2023年 資金循環の日米欧比較」より作成

現金・預金の割合

日本 **54.2%** 米国 **12.6%**

金融資産の割合
（株式・投資信託・債券の合計）

日本 **16.7%** 米国 **56.2%**

日本と米国では現金・預金の割合と
金融資産の割合が反対なのがわかります！

●日米の20年間の金融資産の推移

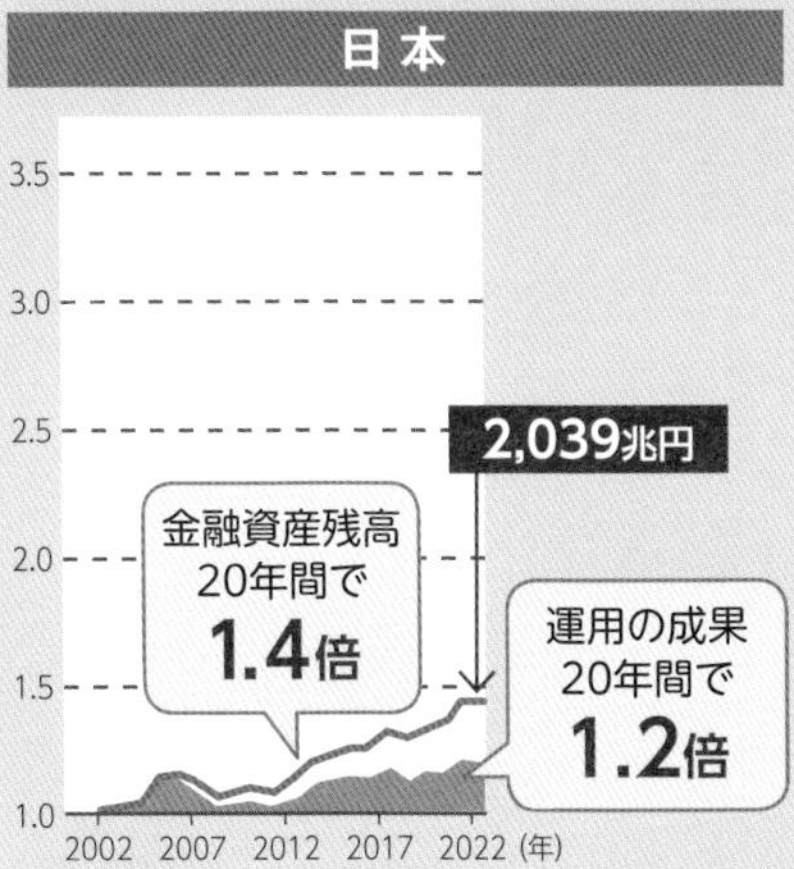

金融庁「資産所得倍増プランと資産形成支援に関する取組み」より作成

資産運用のさかんな米国のほうが資産を大きく増やせています！

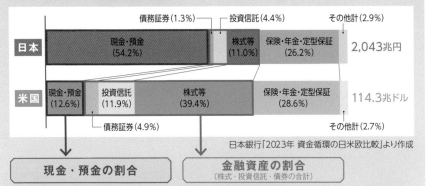

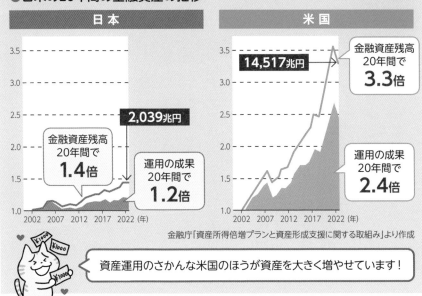

Prologue 4

無理なくできる投資から始めよう 投資の基本は長期・積立・分散

450万円も増えた！
B
全世界株式
（MSCIオール）
690万円
増えはしたけれど、海外の株にも投資しておけばよかった！
A
日経平均
443万円
貯金だけではお金はぜんぜん増えなかった…。
総積立額
240万円
2017年
2019年
2021年

金融庁「はじめてみよう! NISA早わかりガイドブック」より作成。投資コスト・税金等は考慮せず

3つのルールを守ろう！

投資において、一番不安なのは「値動き」でお金を失う可能性でしょう。でも大丈夫。値動きと付き合っていく方法があります。それは**「長期投資」「積立投資」「分散投資」を行うこと。**

長期投資とは、長い時間をかけて投資を行うことです。短期間で相場を見ると、一時的な要因で大きく変動することがあります。しかし、長期間ならば値動きがならされます。また、増えたお金が新たなお金を生み出す複利効果が味方になります。複利効果を活用すれば、お金の貯まるスピードは増し

長期・積立・分散投資の効果はいかほどに…?

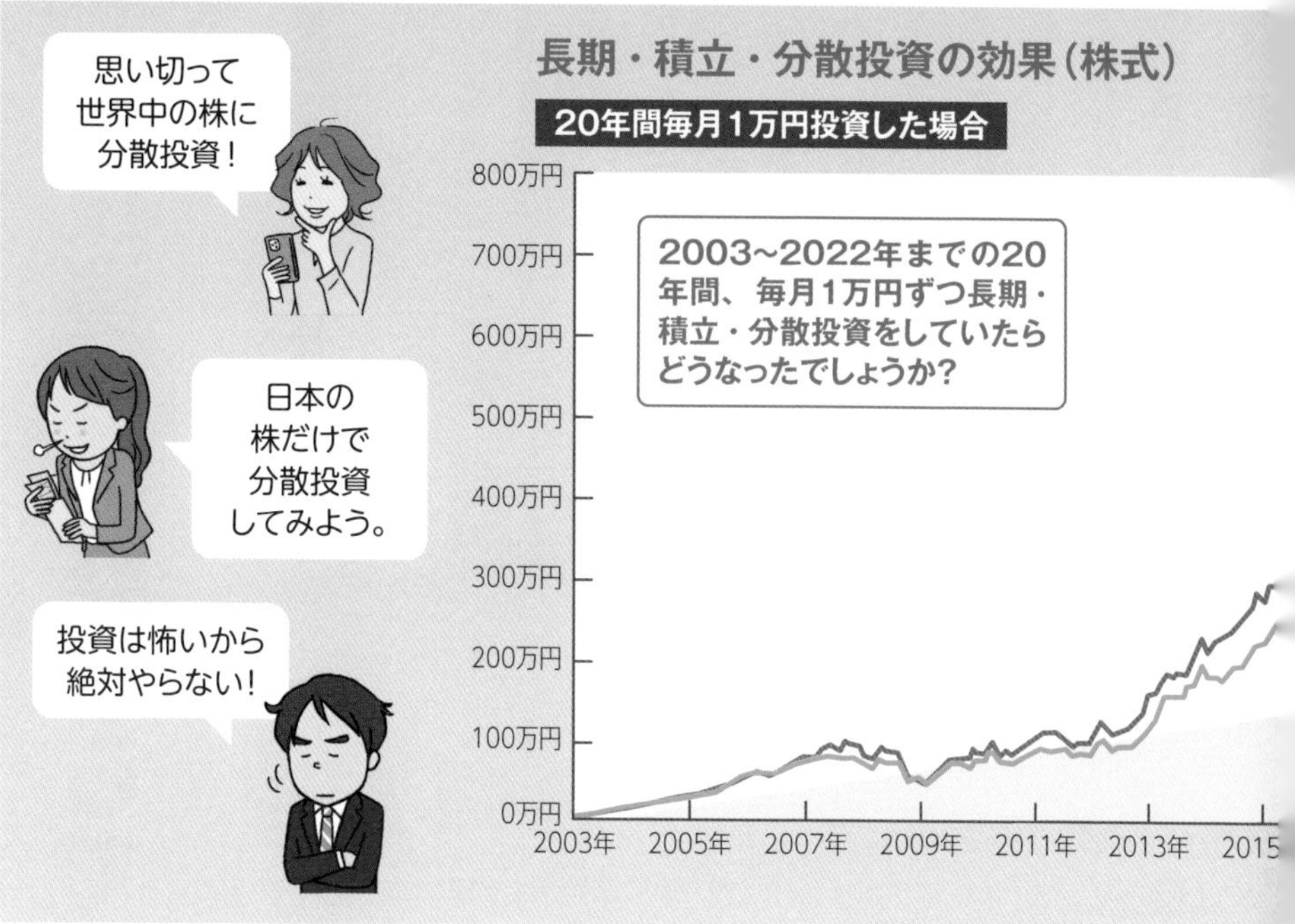

思い切って世界中の株に分散投資！
日本の株だけで分散投資してみよう。
投資は怖いから絶対やらない！
長期・積立・分散投資の効果（株式）
20年間毎月1万円投資した場合
2003~2022年までの20年間、毎月1万円ずつ長期・積立・分散投資をしていたらどうなったでしょうか?
800万円
700万円
600万円
500万円
400万円
300万円
200万円
100万円
0万円
2003年
2005年
2007年
2009年
2011年
2013年
2015

ていきます。

積立投資は、あらかじめ決まった金額を続けて投資することです。定期的にコツコツ投資をしておけば、高いときだけ買ったり、安いときに買わなかったりすることを防げます。さらに、平均購入価格を下げる「ドルコスト平均法」の効果も得られます。

そして分散投資は、値動きの異なる複数の資産に投資することです。こうすることで、過度な値動きを抑えつつリターンを狙えます。投資先の地域を分散すると、成果はより安定します。

金融庁は**20年間の長期・積立・分散投資の結果、上図のとおりのリターンが得られる**と試算しています。今後も必ず同じように増えると断言はできませんが、投資しないよりもはるかに増やせる可能性が高いのです。

Prologue 5

まずは、投資の感覚を養おう

投資は少額からでもスタートすべき！

投資をしてはいけない人もいる

これからの時代、お金を増やしていくには、投資の力を借りることが欠かせません。しかし、中には投資をすべきでない人もいます。それは、生活費がまったくない人です。

投資の格言に「命金《いのちがね》には手をつけるな」というものがあります。**日々の生活費まで投資してしまうと、お金が減ったときに生活が立ちいかなくなる**、という意味です。投資はお金が増えることがある一方、減ることもあります。元本保証はありません。ですから、**最低でも6カ月分の生活費を確保しましょう。**そこからさらに、当面使うことのない余裕資金を貯めて、投資に回すのが基本です。

ＮＩＳＡは月１００円から！

とはいえ、生活費の6カ月分をすべて預貯金で作ろうとすると、お金の貯まるスピードがなかなか上がっていきません。そこで、**2〜3カ月分程度の生活費が貯まり、6カ月分のお金が貯まるメドが立ってきたら、月数百円〜数千円だけ投資に回す**のもひとつの方法です。そして、6カ月分のお金が貯まったら、投資資金に回すお金を増やすという具合です。

1章で改めて紹介しますが、特に**ＮＩＳＡでは月１００円から投資できる**金融機関もあります。少額でも、本格的な投資ですから、投資の感覚を養えます。**慣れてきたら、徐々に投資金額を増やしていけばいい**でしょう。

投資は余裕資金で始めよう！

余裕資金

生活やライフイベントのために当面使う予定のないお金のこと。はっきりとした定義があるわけではないが、おおよそ10年以上は使わなくても平気なお金を指す

保有している資産のイメージ

投資は余裕資金の
部分で始めるぞ！

毎月の貯蓄 → 生活費 6カ月分 → 余裕資金 / 生活費 6カ月分

生活費で投資するのはNG！
投資をする前に最低でも
生活費の 6カ月分を貯めましょう。

※生活費が2〜3カ月分貯まったら少額で試してみるのはOK

投資のしすぎで生活に困るのでは、本末転倒！
投資は必ず余裕資金で行うようにしよう！

iDeCoのポイント

投資をするならおトクになる制度をぜひ活用すべきです! ここでは本書で紹介するNISAとiDeCoのおトクなポイントをざっくり紹介します。

Q:どんな制度?

投資をしながら**税金を節約できる**制度です。

Q:誰が利用できるの?

NISAは**18歳以上**なら誰でも
iDeCoは**20歳から65歳**になるまで
加入ができます。

※60歳以降にiDeCoに加入できるのは会社員・公務員など(国民年金第2号被保険者)と国民年金の任意加入者。
iDeCoは、厚生年金加入者であれば、20歳未満でも加入できる

Q:何に投資するの?

NISAは**株式・投資信託**など
iDeCoは**定期預金・保険・投資信託**です。

Q:おすすめの投資方法は?

NISAや**iDeCo**を利用した
長期・積立・分散投資です。

おトクな制度だからこそ、後回しにするのはNG。時間を味方につけるために早く始めることが肝心です!

あなたも節税家！

30秒でわかるNISA

Q：何がおトクなの？

●投資の利益が非課税でおトク！

NISA　iDeCo

例

投資の利益　100万円

通常の投資 → 79万6,850円　利益から20.315%の税金が引かれる

非課税なら → 100万円　**税金ゼロ！そのまま受け取れる！**

●掛金が全額所得控除されておトク！

iDeCo

例 会社員が月2万円（年24万円）iDeCoの掛金を支払った場合

所得税2万4,000円・住民税2万4,000円が毎年安くなります！

※所得税率10%、住民税率10%（一律）の場合

●受け取るときにも税金優遇！

iDeCo

退職所得控除・公的年金等控除で税金を減らせます！

NISAは1章、iDeCoは2章で詳しく解説します！

Column

資産運用で成功する人と失敗する人の違いとは?

お金を増やすためには、誰もが「お金自身に働いてもらう」資産運用に取り組むべき時代です。しかし、資産運用には成功する人と失敗する人がいます。その違いは次のとおりです。

●自分のリスク許容度を理解しているか(→P120)

資産運用で損をした場合、どのくらいまでなら耐えられるかという度合いを「リスク許容度」といいます。資産運用で成功する人は、自分のリスク許容度を理解したうえで、投資金額や投資先を決めます。一方で、失敗する人はリスク許容度をわきまえずに投資をするため、損失に耐えられなくなるのです。

●投資資産のリスクを理解しているか(→P120)

資産運用で成功する人は、リスク許容度を踏まえて、無理のない範囲で投資先を選びます。しかし、失敗する人は知識がないので、リスクの大きな商品に手を出しがちです。結果、相場の下落時に大損してしまいます。

●資産をバランスよく分散しているか(→P160)

資産運用で成功する人は、自分の資産を複数の投資先にバランスよく分散しています。そうして、ある資産が値下がりしても、ほかの資産の値上がりでフォローしながら、資産を増やしていきます。逆に失敗する人は、投資先を一点集中させてしまうため、その投資先の値下がりにあわせて資産を減らしてしまうのです。

●コスト・税金を意識しているか(→P134)

資産運用で成功する人は、投資にかかるコストや税金も気にします。これらは、利益を確実に押し下げるからです。なるべく手数料の安い商品を選び、税金を抑える制度を活用します。

その点失敗する人は、人気商品やおすすめされた商品にも、コストを気にせず飛びついてしまいがちです。

これからNISAやiDeCoを活用して資産運用を始めるからには、このような「成功する人」のやり方を真似することから実践してはいかがでしょうか。

第1章

誰でも非課税！新NISAのしくみ

NISAとは投資で得られた利益が非課税になる制度。
投資を始めるなら、ぜひ利用しておきたいしくみです。
従来のNISAは2023年末で新規の投資が終了し、
2024年から、より使いやすくなった
新NISAがスタートします。

NISAってどういう制度？

―さて、先生の事務所
よろしくお願いします！
いらっしゃい
まず みんなはNISAとiDeCoの違いを知りたいんですよね？
そうなんです
コク コク
私も おトクだってことしか よくわかって いなくて…
俺は まったく わかってないので いろいろ教えて ほしいです！
私も
ギラ ギラ
ブン ブン
じゃあ まず NISAのこと から説明して いきましょう
NISA
NISAは 簡単にいうと 少額投資に 利用できる 非課税の制度の ことです
ふん ふん
実は 投資って 結構税金を とられるって 知っていますか？
ん？
メモ
メモ
それは儲かったら 税金をとられるって ことですか？
NISAは 非課税！

そう！
たとえば投資して
100万円利益が
でたとします
100万円も！
例えばの話ですよセンパイ
100万円
この場合
いくら税金を
とられると
思いますか？
えーと
消費税と
同じくらいで
8%とか
10%？
何にでも税金かかるなー
税金
100万円
それが　なんと
20·315%
も税金がかかるんです
ええっ
税金
高！
ってことは
20万円ぐらい
とられるって
ことですか!?
そう　100万円
儲かったとしても
実際に手元に残る
金額は…
796,850円
だけ!?
20万
3,150円
税金
こういうときだけは計算早いですよね
プル
プル
NISAなら非課税
になるってことは
100万円丸ごと
もらえるって
ことですか？
NO
税金！
そのとおりです！
投資をするなら
NISAを
使わないと
もったいないです
NISA
100%
利益
他
税
79.685%
利益
やったー！
今すぐ
始めたい
気分です！

ちなみに2024年からのNISAには2つのしくみがあるんです
どんより…
もうややこしい話になってきた…
大丈夫！「成長投資枠」と「つみたて投資枠」という2つがあるって覚えておけばＯＫ
成長投資枠　年間240万円まで
つみたて投資枠　年間120万円まで
両方活用すれば年間360万円までの投資で得た利益が非課税に！
※生涯投資枠1,800万円の上限あり
360万円も投資に回す余裕ないです…あと知識もないし…
それに商品の売り買いとか大変そうですよね…
売った！
買った！
そんな人におすすめなのが少額からコツコツと投資ができるつみたて投資枠です！
年間最大120万円まで投資できますが全額使い切る必要はありません数百円や数千円からでも投資できますよ
諒太 28歳
一生涯ずっと非課税になる!!
諒太 90歳
非課税の小径

月数千円ぐらいなら ゲームの課金と ランチ代を節約すれば…
いけそうな 気がします！
うーむ
それにつみたて投資枠は 金融庁の厳しい条件を クリアした商品 200本程度の中から 最初に商品と金額さえ決めれば 自動的に購入してくれる しくみなので 手間もかかりません！
商品 選んでおいたから
金融庁
スキなの買ってネ
ETF
バランス型
日本株型
外国株型
商品と金額を決めたら
あとは自動購入
投資初心者には この制度がおすすめ ですね
おおぉーっ
猫でも買える
成長投資枠なら つみたて投資枠では できない個別株などへの 投資もできます
大金持ち
10000
うっとり…
なんだかやる気が でちゃったなー
先生！ もっと教えて ください！
では 次のページから よりくわしく解説して いきましょう

Topic 1

約20%分もおトクになる!?
税金をゼロにできるNISA

利益にかかる税金が非課税に

お金を効率よく増やしていくためには、少しでも有利なところにお金を置くことが大切です。その「有利なところ」のひとつがNISAです。NISAは、2014年にスタートした、**少額の投資で利用できる非課税制度**です。

投資の利益には通常、20・315％の税金がかかります。しかし、**NISAを使った投資ならば、この税金がゼロにできます。**税金がかからない分、利益がでた際に受け取れる金額が増えるため、お金をより効率的に増やすことができます。浮いたお金をさらに投資に回せば、お金が増えるスピードはどんどん加速します。

意外と高い税金のしくみ

たとえば、NISAを使った投資で100万円の利益がでたとしましょう。

本来なら、20・315％の税金がかかるので、受け取れる金額は79万6850円です。しかし、NISAで運用していれば、税金がかからないため、100万円が丸ごと受け取れます。つまり、約20万円もの差がでるのです。

非課税でトクするために、NISAを利用する人は年々増えています。**NISAは、これから投資でお金を増やしたいならば、まず活用すべき制度**なのです。

用語解説

課税口座：利益がでたら税金を納める必要がある口座。税額を金融機関が計算してくれる「特定口座」と、自分で計算する「一般口座」がある（→P96）。NISAでは、「NISA口座」を開設し、その中で運用を行う。

運用益非課税の大きな効果

●投資で得られる主な利益

売却益

運用中の利益
（分配金・配当金）

→「運用益」が非課税 → 効率よくお金を増やせる

●例：投資で100万円の利益がでた場合の税金は？

通常の投資の場合

投資額100万円 → 100万円 ＋ 利益100万円（利益がでた！）

税金 20万3,150円（税率20.315%）

税引後利益 79万6,850円

税金で20万円以上減った…

NISAの場合

投資額100万円 → 100万円 ＋ 利益100万円（利益がでた！）

利益 100万円

利益が丸ごともらえた！

非課税になる期間に制限があった従来のNISA制度とは違い、2024年に大改正された新しいNISA制度は、いつどのタイミングで売却しても利益は非課税になります。

Topic 2

これまでのNISAはもう終わり?

2023年までのNISAはどうなる?

新規の投資は2023年で終了

2023年まで、NISAの制度には、一般NISA・つみたてNISA・ジュニアNISAの3つがありました。

一般NISAとつみたてNISAは日本に住む18歳以上なら誰でも、ジュニアNISAは未成年(17歳以下)が利用できる制度です。それぞれ、1年間に投資できる金額や商品、運用方法が違っていました。

しかし、2024年からは新NISAが始まるため、**これまでのNISAで新規に商品を購入できるのは2023年12月まで**に。2024年以降のNISAでの新規の投資は新NISAで行います。

非課税期間が終わったら課税口座に

これまでのNISAで保有している資産は、2024年以降も新NISAの生涯投資枠とは別枠で、**現行の非課税期間が終わるまで保有できます**。たとえば、2023年につみたてNISAで投資した資産は、2042年まで非課税で保有できます。

また、ジュニアNISAの資産は本人が18歳になるまで非課税。2024年以降はいつでも払い出しが可能です。

現行の非課税期間が終了しても資産を売却せずにいると、資産は課税口座に移されます。課税口座に移されたあとの利益に対しては、税金がかかります。

Memo

2024年以降、未成年が新たに利用できるNISAの制度はなくなります。なお、ジュニアNISAはもともと最長5年間非課税になる制度でしたが、2024年以降はジュニアNISA口座開設者が18歳になるまで、非課税で商品を保有し続けられます。

2023年までのNISA制度の特徴

●3つのNISA制度があった

	一般NISA	つみたてNISA	ジュニアNISA
利用できる人	日本に住む 18歳以上	日本に住む 18歳以上	日本に住む 0歳〜17歳
非課税となる期間	最長**5**年間	最長**20**年間	最長**5**年間
年間投資上限額	**120**万円	**40**万円	**80**万円
投資対象商品	上場株式・ETF・ REIT・投資信託	金融庁の基準を満たす 投資信託・ETF	上場株式・ETF・ REIT・投資信託
投資方法	一括買い付け・積み立て	積み立て	一括買い付け・積み立て
資産の引き出し	いつでも引き出せる	いつでも引き出せる	18歳になるまで不可 ※2024年以降は いつでも引き出せる

2023年末をもってこれらのNISAでの
新規の投資はできなくなります。

●売却しないと課税口座に移る

例：つみたてNISA口座で投資した40万円が20年後に100万円になった場合

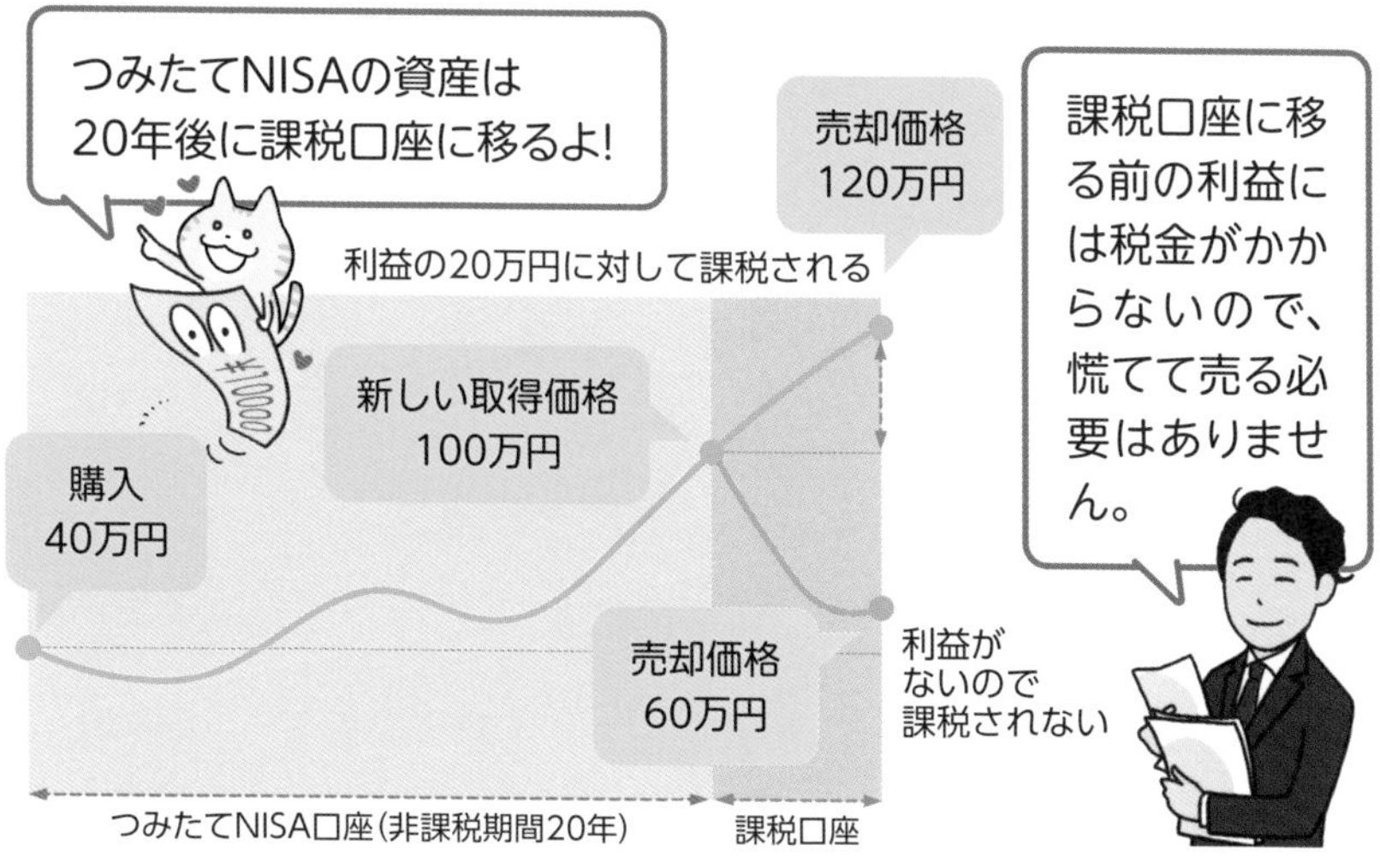
つみたてNISAの資産は
20年後に課税口座に移るよ！
売却価格
120万円
利益の20万円に対して課税される
新しい取得価格
100万円
購入
40万円
売却価格
60万円
利益が
ないので
課税されない
つみたてNISA口座（非課税期間20年）
課税口座
課税口座に移
る前の利益に
は税金がかか
らないので、
慌てて売る必
要はありませ
ん。

Topic 3

長期・積立・分散でコツコツ増やせる！

つみたて投資枠のしくみをチェック！

年間120万円までの投資が非課税に

新NISAのつみたて投資枠は名前のとおり、積み立て専用の投資枠です。**年間120万円までの投資で得られた利益を非課税にできます。つみたて投資枠で投資できるのは、金融庁の一定の基準を満たした投資信託・ETF（上場投資信託）のみ。**長期間にわたって積み立てと分散投資ができる商品に絞られています。

もちろん、金融庁の基準を満たすから、将来的に必ず値上がりする、というものではありません。しかし、手数料が安くてシンプルな商品が多く、資産を堅実に増やすのに向いています。

投資のタイミングもお任せできる

つみたて投資枠では、**自分で指定した金額が指定した日に自動的に引き落とされ、継続して積立投資が行われます。**一度設定すれば、あとは自動でコツコツ積み立てていけるので、忙しい方でも大丈夫。積み立てる日を給与振り込み日の翌日に指定すれば、口座にお金がなくて引き落とせない、ということもなくなります。

しかも**積立投資には、どんな局面でも感情に左右されず、淡々と買い付ける効果があります。**投資タイミングを自分で判断する必要もなし。つみたて投資枠で、手間の面でも、心理面でも楽な投資ができます。

Memo

金融機関のなかには、つみたて投資枠の購入頻度を「毎日」「毎週」「毎月」などから選択できるところもあります。過去の実績は大差ないものの、わずかながら毎日積立が有利。もし毎日積立が設定できるなら切り替えておきましょう。

長期でコツコツ増やすつみたて投資枠

P44の
成長投資枠と
併用可！

	新NISA
	つみたて投資枠
利用できる人	日本に住む18歳以上 （年齢上限なし）
投資可能期間	2024年からいつでも （恒久化）
非課税期間	無期限
年間投資枠	120万円
非課税保有限度額 （生涯投資枠の上限）	1,800万円
投資商品	金融庁が定めた基準を満たす 投資信託・ETF （従来のつみたてNISAと同じ）
投資方法	積み立てのみ
売却枠の再利用	可 （投資元本ベースの管理、枠復活は翌年）

年間投資上限額はつみたてNISAの3倍に。
非課税期間も無期限となりました。

つみたて投資枠は長期間にわたってコツコツ
お金を増やしていくのに向いている制度だよ！

Topic 4

投資の代表格「株式投資」だって非課税になる!

成長投資枠のしくみをチェック!

つみたて投資枠より幅広い投資が可能

成長投資枠では、**毎年２４０万円までの投資で得られた利益が無期限で非課税に。**新ＮＩＳＡではつみたて投資枠と合わせて毎年合計３６０万円まで投資できます。

ただし、成長投資枠で投資できる生涯投資枠（→P46）の上限は１２００万円までとなっています。

成長投資枠では、つみたて投資枠の対象外となっている投資信託やＥＴＦ、それに加えて**上場株式やＲＥＩＴ（不動産投資信託）など、幅広い金融商品に投資ができます。**もちろん、つみたて投資枠の対象商品も購入できます。

成長投資枠で頻繁な売り買いはＮＧ

成長投資枠では、**一括買い付けをすることもできます。**たとえば個別株で、これから成長が期待できる投資先があった場合、タイミングをはかって一度に投資することもできます。予想どおりに値上がりすれば、大きな利益を得ることもできるでしょう。

しかし、成長投資枠は毎日のように売買を繰り返す「デイトレード」のような投資は適さないしくみになっています。**生涯投資枠の売却枠は、売却の翌年にならないと復活しないため**です。成長投資枠でも、長期的に値上がりが期待できる投資先へ投資するのがポイントになってきます。

Memo

成長投資枠でもつみたて投資枠同様に積立投資をすることができます。つみたて投資枠対象の投資信託・ＥＴＦだけでなく、つみたて投資枠の対象でない投資信託・ＥＴＦ、さらには株式などでも幅広く積立投資ができます。

株式投資もできる成長投資枠

P42のつみたて投資枠と併用可！

	新NISA 成長投資枠
利用できる人	日本に住む18歳以上 （年齢上限なし）
投資可能期間	2024年からいつでも （恒久化）
非課税期間	無期限
年間投資枠	240万円
非課税保有限度額 （生涯投資枠の上限）	（生涯投資枠の内枠として） 1,200万円
投資商品	上場株式・ETF・REIT・投資信託 （一般NISAから一部商品を除く（P48））
投資方法	一括・積み立て
売却枠の再利用	可 （投資元本ベースの管理、枠復活は翌年）

それに、成長投資枠ではつみたて投資枠の商品はもちろん、株式投資などつみたて投資枠ではできない商品にも投資できるんです。

年間の投資上限額は一般NISAの2倍になったんですね！

Topic 5

一生涯、いくらでも無制限で投資できるの？

1800万円の生涯投資枠を使い切ろう！

生涯投資枠は1人1800万円

新NISAでは、つみたて投資枠と成長投資枠を使って、**運用益非課税の投資が無期限でできます。**ただ、いくらでも投資できるわけではありません。新NISAで非課税投資ができる金額は、生涯にわたる非課税限度額（生涯投資枠）までです。

生涯投資枠の上限は1800万円（うち成長投資枠は1200万円）。つみたて投資枠と成長投資枠を併用してもいいですし、つみたて投資枠だけを利用して1800万円の生涯投資枠を使い切ることもできます。一方、成長投資枠のみの場合は1200万円が上限となります。

売却後に生涯投資枠は復活する

新NISAの生涯投資枠は、**投資していた商品を売却すると翌年に復活します。ただし、復活するのは投資元本ベースです。**たとえば、新NISAで投資した元本500万円の商品が600万円になったので売却した場合、翌年に復活する金額は600万円ではなく、500万円です。

なお、生涯投資枠が500万円復活したとしても、**翌年に投資できる金額は360万円を超えることはできません。**

新NISAでは資産を売却しやすくなるため、資金を教育資金や住宅資金など、さまざまな用途に利用しやすくなります。

Memo

従来のNISAでは、投資した商品を売っても非課税投資枠が復活せず、早く売却すると本来非課税にできるはずだった残りの期間が無駄になっていました。新NISAでは生涯投資枠が復活するので、このデメリットが解消されました。

生涯投資枠は1,800万円！

●生涯投資枠のイメージ

生涯投資枠はつみたて投資枠+成長投資枠=1,800万円。ただし成長投資枠の上限は1,200万円までです！

●生涯投資枠は売却の翌年に復活する

例:2つのしくみを併用し、年間投資枠360万円を毎年使った場合

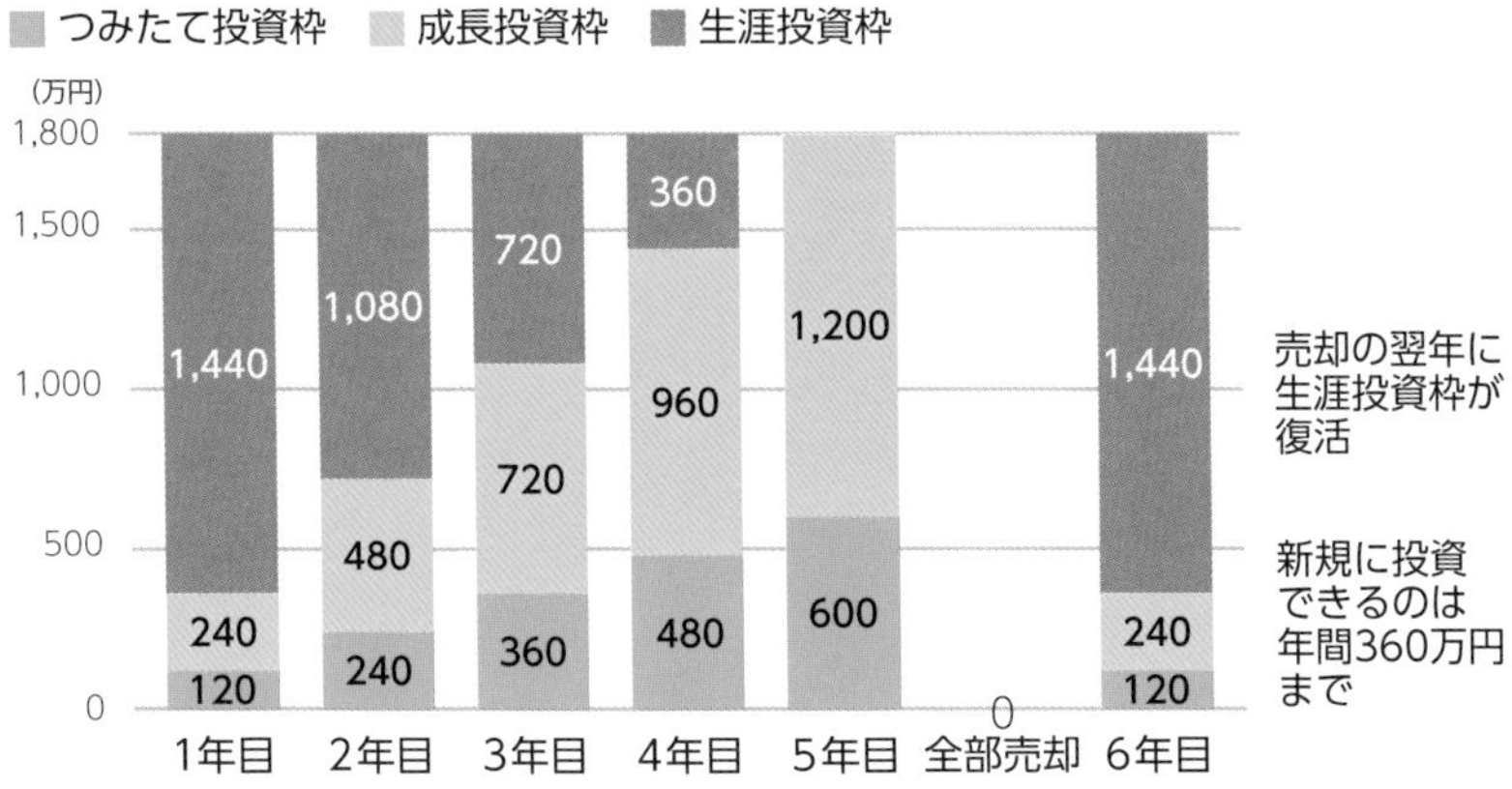

非課税投資枠や生涯投資枠は「投資元本ベース」で管理されます。たとえば50万円の商品を購入し、100万円に値上がりしたとしても、使用している非課税投資枠は50万円。売却して復活する生涯投資枠も50万円となります。

Topic 6

新NISAで投資できる商品はどんなもの？

つみたて投資枠と成長投資枠で扱う商品が異なる

つみたて投資枠は従来制度と同じ

つみたて投資枠で投資できる商品は、**金融庁の定める基準を満たし、届け出が行われた投資信託・ETFのみ**となっています。この基準は、つみたてNISAと同じです。

つみたて投資枠の対象商品は、2023年10月31日時点で257本あります。いずれも、手数料が安く、長期・積立・分散投資で、資産形成ができると考えられる商品が揃っています。投資初心者でも、つみたて投資枠の対象商品のなかから投資したい商品を選んで投資するだけで、簡単に低コストの長期・積立・分散投資が非課税でできます。

成長投資枠は少し変更あり！

成長投資枠で投資できる商品は基本的に一般NISAと同じで上場株式・ETF・REIT・投資信託ですが、**リスクが高すぎる商品、長期の資産形成に向かない商品は除外**されることになりました。

つみたて投資枠の商品にも投資可能で、**成長投資枠で購入できる投資信託は約2000本もあります。**

新NISAは、**安定的な資産形成を支援するための制度です。**リスクが極端に高い投資先や、長期の資産形成に役立たない商品が除外されているのはむしろメリットといえるでしょう。

Memo

毎月分配型の投資信託は一見よさそうに思えるかもしれませんが、手数料が高いものが多く、利益がでていないときには元本を取り崩して分配金を支払うため、複利効果(→P74)を味方につけて増やす資産形成には向いていません。

新NISAで購入できる商品は？

つみたて投資枠で購入できる商品

対象			購入時手数料	信託報酬	その他の要件
公募株式投資信託	パッシブ型（インデックス型）	国内資産	ノーロード（解約手数料ゼロ）	0.50%以下	
		海外資産		0.75%以下	
	アクティブ型	国内資産		1.00%以下	・純資産額50億円以上 ・信託開始5年経過 ・信託期間の2/3で資金流入超
		海外資産		1.50%以下	
上場投資信託（ETF）	国内ETF		1.25%以下（口座管理料ゼロ）	0.25%以下	・円滑な流通のための措置が講じられているとして取引所が指定するもの ・最低取引単位1,000円以下（るいとう）
	海外ETF				・資産残高1兆円以上 ・最低取引単位1,000円以下（るいとう）

従来のつみたてNISAと同じだよ！

基本要件

- 信託期間が無期限もしくは20年以上
- 毎月分配型ではないこと
- 複数の銘柄の有価証券や複数の種類の特定資産に分散
- 長期分散投資に適した株式や投資信託
- 金融庁への届出

成長投資枠で購入できる商品・購入できない商品

上場株式

除外 整理銘柄・監理銘柄（上場廃止・上場廃止のおそれがある銘柄）

投資信託・ETF・REIT

除外 信託期間20年未満（20年以上にわたって長期投資できない商品）
除外 毎月分配型（資産を取り崩して分配金を出してしまう商品）
除外 高レバレッジ型（市場の動きより激しい値動きをする商品）

成長投資枠で購入できない商品は、リスクが高かったり、長期投資に向かなかったりする商品ばかり。一般NISAよりも投資できる商品は減りますが、投資家を守るという意味では、むしろ減ることはメリットといえるでしょう。

Topic 7

投資で手に入る「３つの利益」

値上がり益、分配金・配当金、株主優待でおトクに生活

儲けのポイントは３つある

投資信託や株式に投資した際に得られる利益には、大きく分けて３つあります。

ひとつめは、値上がり益です。投資信託の値段（基準価額）や株式の値段（株価）は、日々の取引で上下に動きます。そのため、売るときに買ったときよりも値上がりしていたら、その値上がりした金額分が利益になります。

２つめは、分配金（投資信託）・配当金（株式）です。これらは、投資や事業が上手くいったときに、投資家に還元される分け前のようなものです。

３つめは株式投資限定の利益、株主優待です。これは株主へのプレゼントのようなもの。自社製品の詰め合わせや金券などが株主に贈られます。日本の上場企業の約１４００社あまりが株主優待制度を導入していますが、実施していない会社もあるので、投資する前に確認しておきましょう。

ＮＩＳＡなら非課税に！

これら３つの利益は、実はＮＩＳＡを使わなくても得られます。しかし、ＮＩＳＡを利用していれば、**値上がり益も分配金も配当金も、非課税にできます**。税金が引かれないということは、その分利益が増えるということ。お金を効率よく増やすことができるのです。

Memo

投資信託の分配金は、自動的に再投資が可能です。これにより投資の利益で新たな利益を生む複利効果（→P74）も得られます。

投資で得られるさまざまな利益

①値上がり益
(キャピタルゲイン)

値動きする商品を安いときに買って、高くなってから売ることで儲かる

買い売りの差額が利益

②分配金・配当金
(インカムゲイン)

利益の一部が還元される

③株主優待
(株式投資のみ)

製品の詰め合わせや商品券がもらえる

※②・③はない場合もあるので要チェック

NISAで投資信託を買ったり、株式投資をしたりしていれば、①②ともに非課税になるのでおトクです！

Topic 8

値下がりには長期投資で立ち向かう

マイナスにならない!? 20年投資の効果

リスクがないとお金は増えない!

銀行の預金とは違って、投資にはリスクが存在します。ただ、このリスクは「危険性」という意味ではありません。投資の世界における**「リスク」には「投資の結果(リターン)のブレ幅」という意味があります。**お金が増えたり減ったりする可能性、といってもいいでしょう。

一方で銀行の預金には、リスクがほとんどありません。ですが、減らない代わりに大きく増えることもありません。確かに、投資にはリスクがあります。しかし、これから自分でお金を増やしていくなら、リスクある商品の力が必要なのです。

長期投資が値下がりのリスクを抑える

NISAで長期・積立・分散投資をすると、値下がりのリスクを減らし、堅実に利益を得ることが期待ができます。

左図の金融庁の資料を見てみましょう。これは、複数資産に分散して100万円分を積立投資したとき、保有期間5年間と保有期間20年間で、収益率がどう変わるかを示しています。5年間の場合では、元本割れになっているケースがありますが、20年間の場合はマイナスがなくなり、年率2~8%の収益を得られています。つまり、**長期投資には値下がりのリスクを抑える効果がある**、ということです。

用語解説

元本割れ:投資した商品が値下がりするなどして、投資した金額を下回ること。投資は、お金が増える可能性がある一方、元本割れする可能性もある。なお、元本割れしない銀行預金などは「元本保証」されている商品のこと。

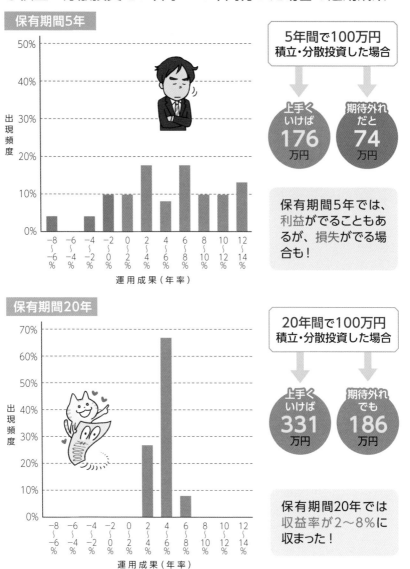

長期・積立・分散で元本割れリスクが低くなる

●積立・分散投資を5年間・20年間行った場合の運用成果

保有期間5年

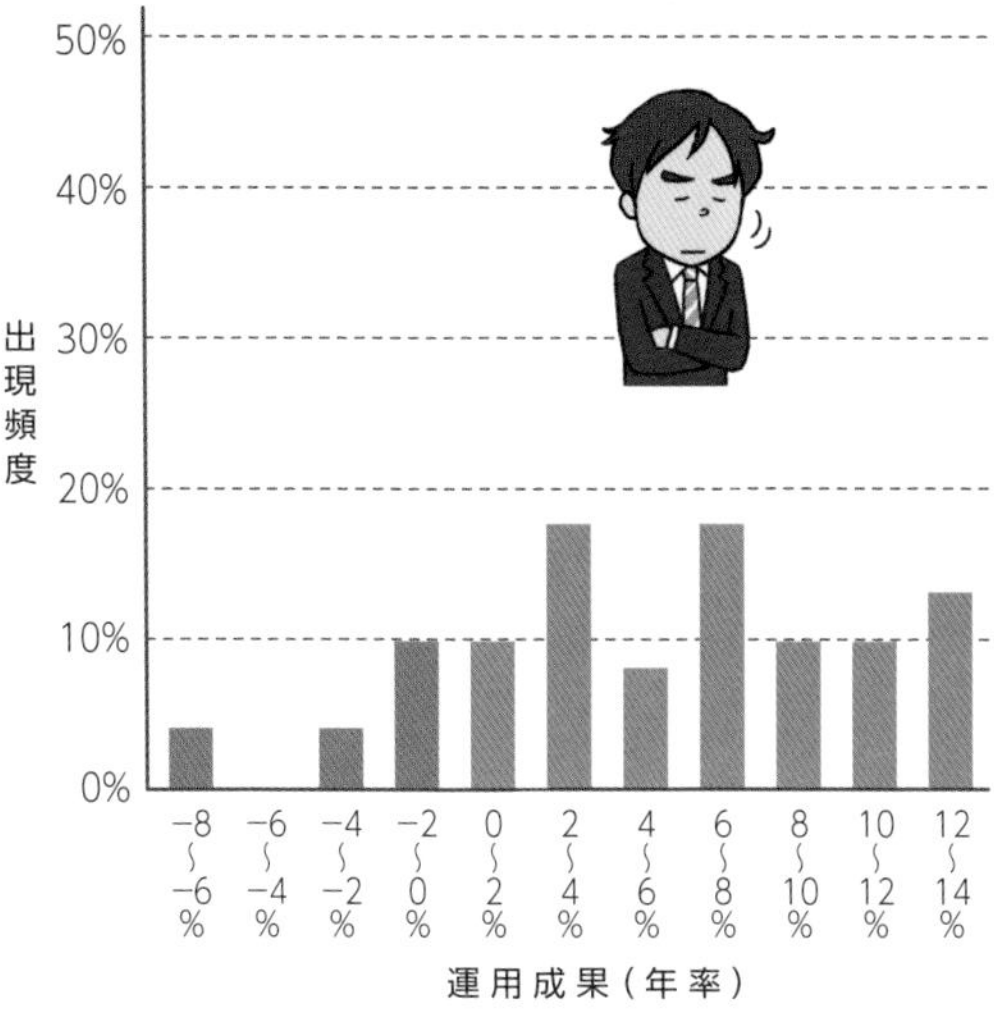

5年間で100万円
積立・分散投資した場合

上手くいけば 176万円

期待外れだと 74万円

保有期間5年では、利益がでることもあるが、損失がでる場合も！

保有期間20年

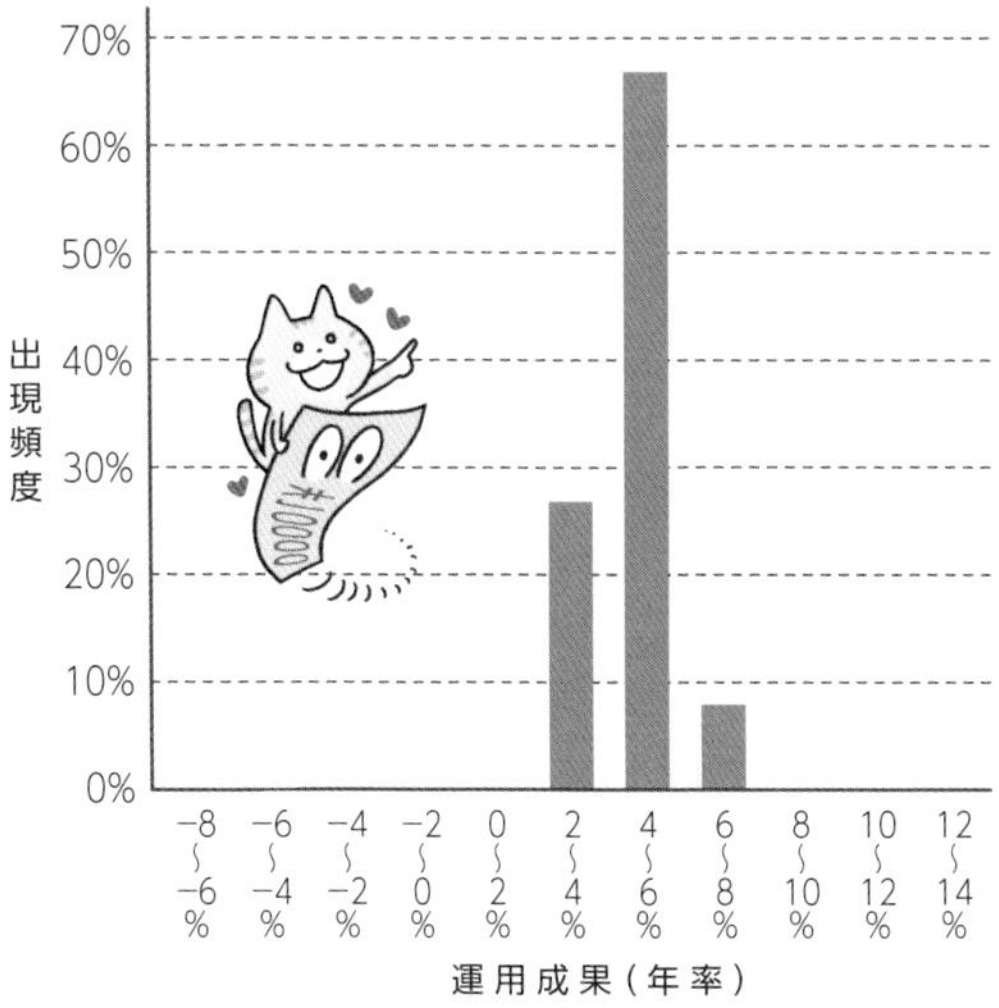

20年間で100万円
積立・分散投資した場合

上手くいけば 331万円

期待外れでも 186万円

保有期間20年では収益率が2〜8%に収まった！

出典:金融庁「はじめてみよう! NISA早わかりガイドブック」より作成
上記は過去の実績をもとにした算出結果であり、将来の投資の成果を予想・保証するものではありません

Topic 9

少しの値上がりでも利益がでやすい！

NISAが長期投資にぴったりの理由

ドルコスト平均法を活用できる

値動きのある商品を定期的に一定額ずつ購入すると、**価格が高いときにはわずかしか買えず、価格が安いときにはたくさん買えます。**この購入方法を「ドルコスト平均法」といいます。これを利用すると、平均購入価格が抑えられ、価格が大きく上がらなくても利益をだせる可能性が増します。

NISAでは、成長投資枠を利用して一括での買い付けもできますが、投資の基本はやはり長期の積立投資。商品の価格は上下するため、値上がりしたときに利益が大きくなるようにするために、ドルコスト平均法の力を活かしましょう。

年齢制限も引き出し制限もない！

第2章で扱うiDeCo《イデコ》も積立投資の制度ですが、弱点があります。それは、**積立のできる年齢が65歳になるまで**だということ。また、**原則60歳になるまで積み立てた資産の引き出しができません。**

その点、NISAは年齢の下限こそ18歳ですが、年齢の上限がなく、資産をいつでも引き出して使うことができます。投資したお金が固定されないため、急にお金が必要になったときにも、柔軟に対応できるのです。NISA口座での投資であれば、ライフイベントに合わせて取り崩しやすいのが特徴です。

Memo

従来のNISAの非課税期間終了直前に暴落があった場合、資産を課税口座に移して回復を待つこともできます。しかし、課税口座での値上がり益には税金がかかります。新NISAは非課税期間が無期限なので、非課税のまま回復を待てます。

長期投資と相性がいいNISA

●例：投資信託の値段（基準価額）が以下のように変動した場合

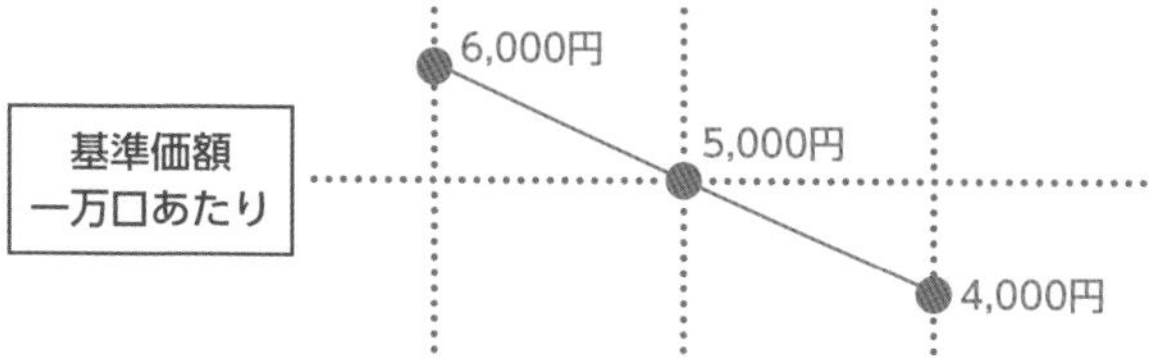

平均購入価格を抑えられた！

「一定額」ずつ積み立てた場合（ドルコスト平均法）

積立額	10,000円	10,000円	10,000円	合計金額 30,000円
購入口数	16,667口	20,000口	25,000口	合計口数 61,667口

一万口あたり平均購入価格 **4,865円**

「一定量」ずつ積み立てた場合

	6,000円	5,000円	4,000円	合計金額 15,000円
購入口数	10,000口	10,000口	10,000口	合計口数 30,000口

一万口あたり平均購入価格 **5,000円**

定期的に一定額ずつ購入すると、平均購入価格が低くなり、相場上昇時により多く資産を増やせるチャンスがあります。

●投資をしながら資産を取り崩せる

ライフイベントに合わせて生涯投資枠を再利用
（イメージ）

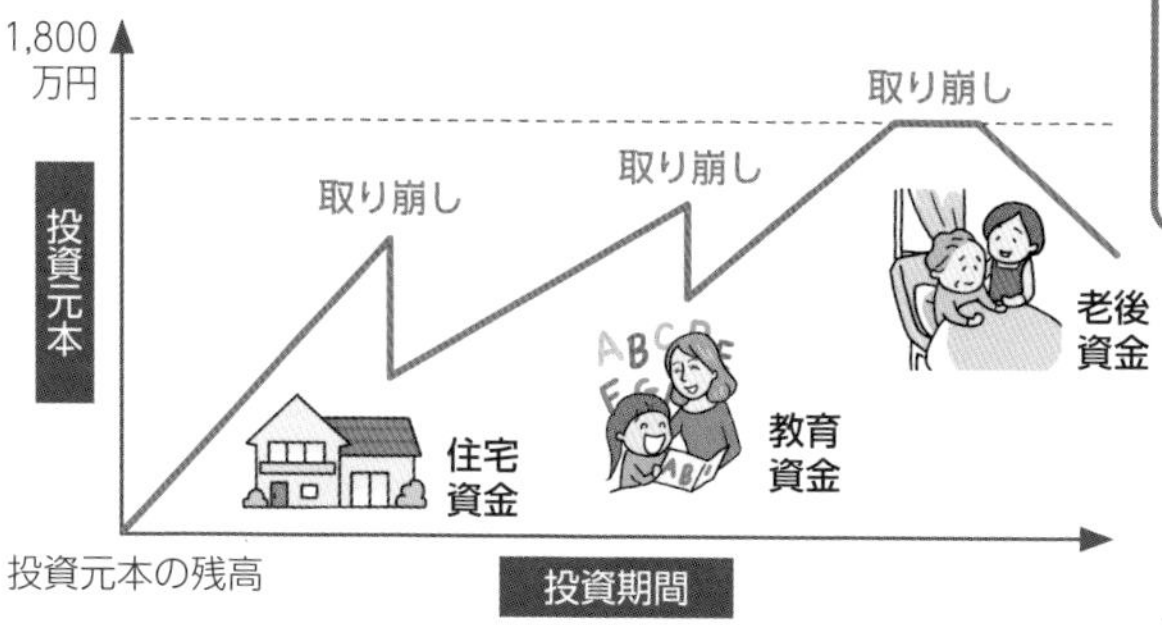

資産を取り崩しても生涯投資枠を再利用して資産形成できるよ！

Topic 10

NISAの落とし穴に要注意！

税金が安くならないケースもある

源泉徴収も確定申告も不要だが…

株式投資や投資信託などの投資の利益が20万円を超えた場合は、利益に20・315%の税金がかかります。

課税口座（→P38）で投資している場合、この税金は、金融機関で源泉徴収するか、自分で確定申告をして納めます。

しかし、**NISAなら税金がゼロですから、源泉徴収もされませんし、確定申告も不要**です。NISAで買った商品を売ったら、あとは売却代金を受け取るだけです。

一見よさそうですが、それは利益がでたときだけ。実は、**損失がでたときには、課税口座より不利になることがあります。**

損益通算や繰越控除ができない

複数の口座で投資すると「口座Xでは20万円の利益、口座Yでは30万円の損失」というように、利益と損失の両方がでることがあります。このとき、利益と損失を合算した税金を計算することを「損益通算」といいます。

NISAでは、損益通算ができないため、左図の②のように、同じ金融商品を買っても課税口座側で税金が発生するケースがあります。また、損益通算しても残った損失を最大3年間にわたって繰り越し、翌年以降の利益から差し引く「繰越控除」もNISAは対応していません。

用語解説

確定申告：毎年1月1日から12月31日までの所得や税金を計算して、納める税額を確定すること。課税口座ででた利益が20万円超の場合、確定申告が必要だが、特定口座（源泉徴収あり）を利用すれば確定申告が不要になる。

損益通算ができないとどう損なの？

損益通算	複数の口座の利益と損失を合算した金額で税金の計算を行うこと。**NISAでは適用外**
繰越控除	損益通算で引ききれなかった損失を最大3年間繰り越し、利益から差し引くこと。**NISAでは適用外**

●例：A投信が+20万円、B投信が－30万円の場合

①両方とも課税口座で取引
…損益通算・繰越控除できる

課税口座X
A投信　+20万円

課税口座Y
B投信　－30万円

➡ 損益－10万円で税金は0円。損失は確定申告で繰り越しすると翌年以降の利益と相殺できる

②A投信は課税口座、B投信はNISA口座
…損益通算できない

課税口座
A投信　+20万円

NISA口座
B投信　－30万円

➡ 損益通算できないため、損益+20万円とみなされ40,630円の税金がかかってしまう！

③両方ともNISA口座で取引
…繰越控除できない

NISA口座
A投信　+20万円
B投信　－30万円

➡ 損益－10万円、もともと税金は0円。しかし課税口座のように損失は繰り越せない！

NISAでは利益に税金がかからない代わり、損失はないものとして扱われます。そのため、損益通算や繰越控除はできません。

Column

NISAは海外赴任中の人も使うことができる?

NISAを利用するには、日本国内に住んでいる必要があります。ですから海外転勤・赴任して「非居住者」となると、以前はNISA口座の資産をすべて課税口座(特定口座または一般口座)に払い出す必要がありました。つまり、海外転勤・赴任をする場合は、非課税の運用が続けられなかったのです。しかし、2019年に制度が改正。最長5年の海外転勤等であれば、NISA口座の資産を保有し続けられるようになりました。たとえば、2020年に出国した人の場合、2025年末まで一般NISA・つみたてNISAの口座で資産を保有することができるルールです。新NISAの資産も、同様の扱いとなるでしょう。海外転勤・赴任後もNISA口座で資産を保有し続けたい場合は、出国の前日までにNISA口座を開設している金融機関に「継続適用届出書」を提出。また、帰国後も「帰国届出書」を提出します。この手続きをしないで5年後の12月31日をすぎると、NISA口座は自動的に廃止されて、資産は一般口座に払い出されてしまいます。なお、ジュニアNISAは対象外です。

ただ、確かにルール上は最長5年間NISAの資産を保有できるのですが、多くの金融機関は、この制度に対応していないのが現状です。たとえばSBI証券やマネックス証券では出国前にNISAの廃止手続き・解約が必要。楽天証券では国外の滞在期間が1年未満であれば手続き不要(米国の場合、前年の米国滞在数の1/3、前々年の米国滞在数の1/6、出国年の滞在数の合計が183日以上の場合には手続きが必要)でNISA口座を保有できますが、1年以上になるとNISA口座は廃止になります。

制度上は海外転勤・赴任をした際にNISAの資産を保有できるようになっていても、対応している金融機関は本稿執筆時点では少ないことに注意しましょう。もしも海外転勤・赴任を予定しているのであれば、対応している金融機関を利用したほうがよいでしょう。

なお、海外転勤・赴任の際に、「海外に行ってもバレないだろう」などと、手続きをしないでいることを金融機関が見つけたら、NISA口座は廃止、資産が強制売却になってしまいますので、必ず手続きを!

第2章

老後資金作りの最強ツール！iDeCoのしくみ

iDeCoは国民年金や厚生年金だけでは
賄えない年金の不足分を補ってくれます。
掛金が全額所得控除となり、
所得税や住民税を減らすことができるという
iDeCo特有のメリットを活用しましょう！

年金作りにはiDeCoが最適!?

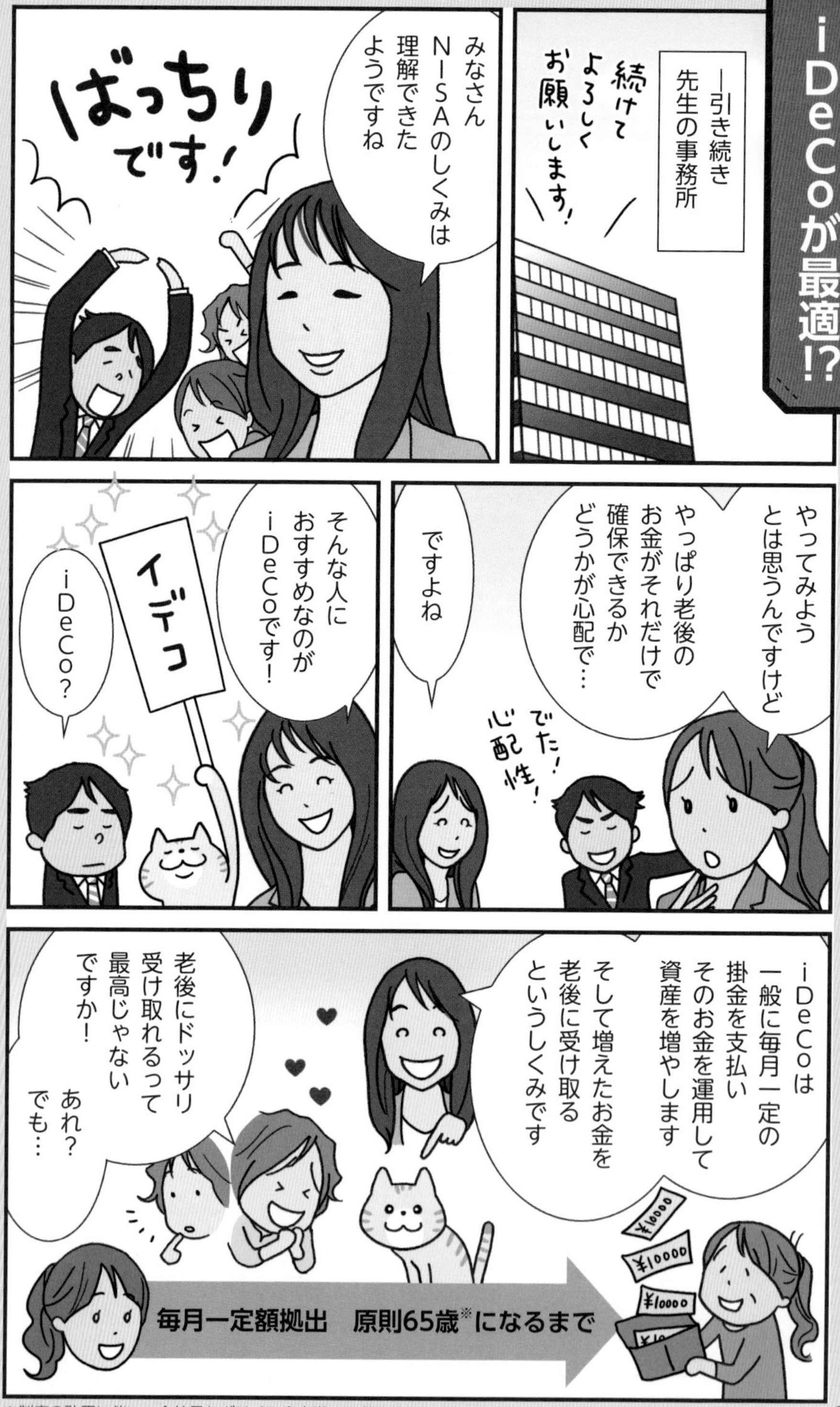
―引き続き先生の事務所
続けてよろしくお願いします!
みなさんNISAのしくみは理解できたようですね
ばっちりです!
やってみようとは思うんですけど
やっぱり老後のお金がそれだけで確保できるかどうかが心配で…
でた!心配性!
ですよね
そんな人におすすめなのがiDeCoです!
イデコ
iDeCo?
iDeCoは一般に毎月一定の掛金を支払い
そのお金を運用して資産を増やします
そして増えたお金を老後に受け取るというしくみです
老後にドッサリ受け取れるって最高じゃないですか!
あれ?でも…
毎月一定額拠出　原則65歳※になるまで
¥10000
¥10000
¥10000

※制度の改正に伴い、会社員などは65歳未満まで積み立てできる

それって
老後までは
預けたお金を
自由に使えないって
ことですか？
iDeCo
今お金が必要なの！
ほしい！
もちろん
絶対にできない
というわけでは
ないですが…
原則引き出すことは
できません
ただ
年金以外にもらえる
老後のお金が増えるっ
ていうのは安心ですね
そうですね
ちなみにNISAの
メリットは
覚えていますか？
利益が非課税に
なることです！
ちゃんと覚えてたね
そのとおりです！
ヒャッハー！
ほめられた！
それだけでも
おトクですが
なんと
iDeCoには
3つの税制
優遇制度
があるん
ですよ！
3つも!?
よかった

ひとつめ
まず　iDeCoはNISAと同様に利益が非課税になります
フムフム
ふたつめ
ここからがiDeCo特有の制度ですが毎月支払うお金が全額所得控除の対象です
イデコ
所得控除
ポン！
所得控除とは…？
給与明細を見ると所得税や住民税が引かれていますよね
うんうんうん
結構な金額が毎月引かれていますよね…
見たことないからわからない…
ちゃんと見なよ…
所得控除になるとこの所得税や住民税の支払いを減らすことが可能です！
オレ全額税金かかっちゃう
給料
オレイデコの分かからないよ
iDeCo
給料引くiDeCo
ピーン
つまり給料の手取りが増えるみたいなことですね！
税金が安くなるんですね！

それだけではありません
将来iDeCoで貯めた
お金を受け取るときにも
退職所得控除や
公的年金等控除という
税制優遇を受けることで
税金の節約ができます
みっつめ！
退職所得控除
iDeCo
公的年金等控除
ささ！
優遇
しますよ
節税の小径
ステキ
税金高いしねー
この制度なら
安心して年金を
確保できそう
ですね！
やった！
老後が不安という方は
この制度を使って
税制優遇を受けながら
老後資金を準備するのが
一番です！
NISAと使い分け
していきましょう！
はーい！
ニーサ
イデコ

Topic 1

年金の上乗せ分を自分で作る！

年金だけでは生活できない時代がやってくる⁉

国民年金と厚生年金では足りない

国が管理・運営している年金制度は公的年金と呼ばれます。この**公的年金制度は、今働いている世代（現役世代）の保険料を、高齢者世代などに支給**するというしくみです。

公的年金には、20歳から60歳までのすべての人が加入する国民年金と、会社員や公務員が加入する厚生年金があります。

会社員や公務員は国民年金と厚生年金を受け取れます。それに対し、自営業やフリーランスが受け取れるのは国民年金のみです。どちらにしても、公的年金だけでは老後の生活が成り立たないのが実情です。

ｉＤｅＣｏで自分の年金を作ろう

不足する公的年金をカバーするために、公的年金に上乗せできる年金制度がいくつかあります。こうした年金を私的年金といいます。私的年金で活用したいのがｉＤｅＣｏ（イデコ・個人型確定拠出年金）。**ｉＤｅＣｏでは、毎月一定の掛金を支払って自分で運用し、資産を増やします。そして増えたお金を、老後（60歳以降）に受け取る**ことができます。

ｉＤｅＣｏの制度自体は２００１年からありましたが、２０１７年に加入できる人の範囲が拡大。現役世代は、ほぼ誰でも加入できるようになりました。

用語解説

（国民年金の）被保険者：国民年金に加入している人。大きく第１号被保険者（自営業・フリーランス）、第２号被保険者（会社員・公務員）、第３号被保険者（専業主婦（夫））に分類される。どの分類かによって、加入できる年金制度が異なる。

足りない年金を補うiDeCo

●将来もらえる公的年金の金額の平均（月額）は？

国民年金	男子5万9,013円・女子5万4,346円
厚生年金（国民年金含む）	男子16万3,380円・女子10万4,686円

厚生労働省「厚生年金保険・国民年金事業の概況」（令和3年度）より

●人によって入れる年金制度が違う

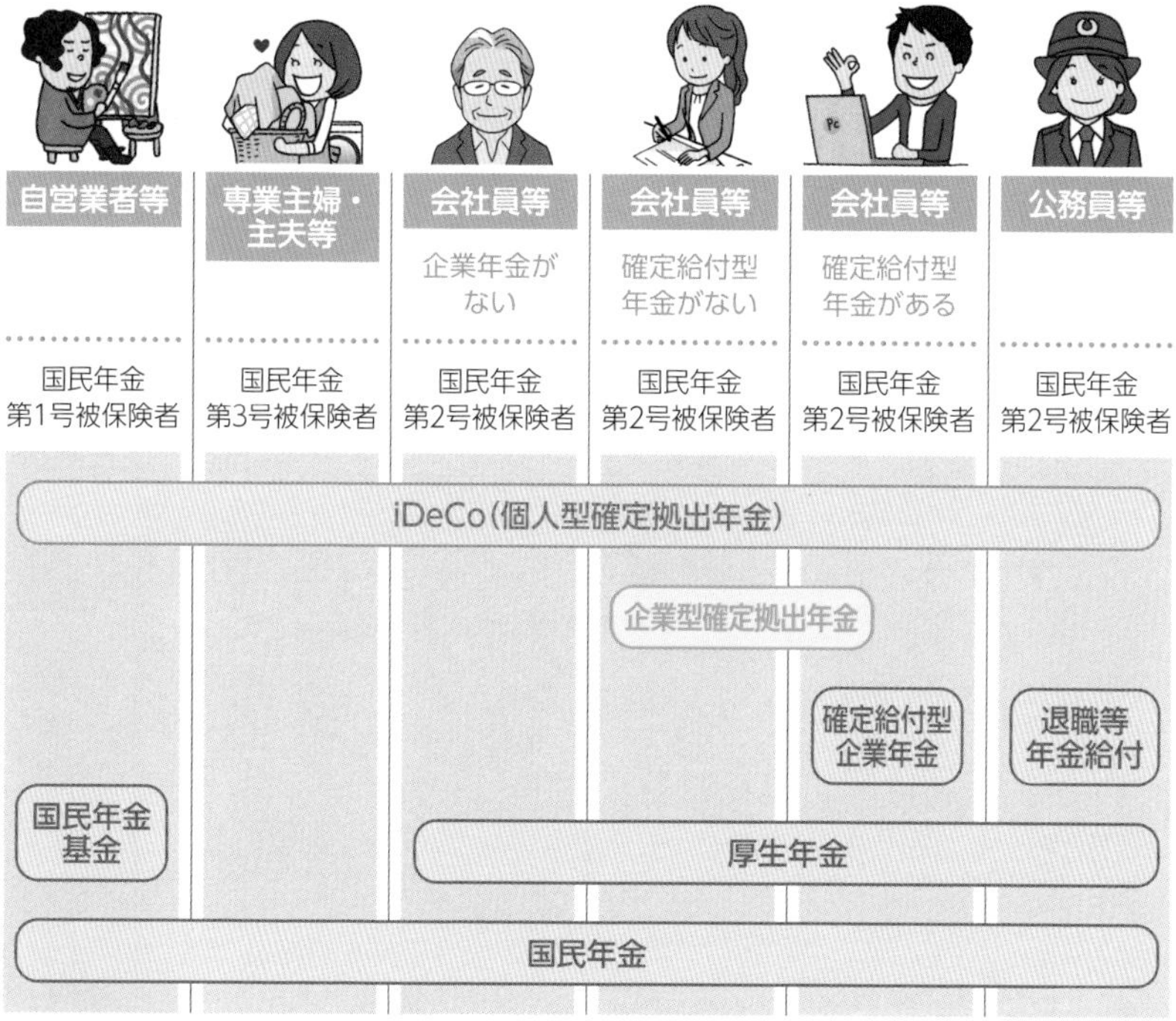

公的年金だけでは、老後の生活が苦しくなることは目に見えています。iDeCoは、公的年金で不足する部分を自助努力で補うための制度です。

Topic 2

NISAよりも強力！ 3つの税制優遇

iDeCoには、特有の税制優遇制度がある

3つのタイミングで税金が減る

iDeCoは、老後資金を貯めるのにぴったり。国が老後資金を貯めてもらうために用意した制度というだけあって、さまざまな優遇が用意されています。

もっとも大きなポイントは、3つのタイミングで税金が節約できることです。

まず、毎月支払うお金（掛金）が全額所得控除になります。つまり、**毎年の所得税や住民税を減らす**ことができます（↓P68）。

次に、運用によって生まれた利益が非課税になります。これはNISAと同じで、効率よくお金を増やすことができます。

そして、**受取時に「退職所得控除」または**「公的年金等控除」という税制優遇を受けることで、税金の節約ができます（↓P72）。

老後資金を確実に用意できる！

iDeCoには、税金の節約以外のメリットもあります。転職・退職・結婚などで**国民年金の種類が変わっても、iDeCoで積み立てた資産を持ち運んで積み立てを継続できる**のです。また、お金を増やす商品として購入する投資信託は、手数料（↓P134）が安く設定されているものが多くあります。コストは利益を確実に減らしますので、少ないほうが有利です。

いずれも、老後資金をより確実に用意するのに役立つメリットです。

用語解説

控除：金額を差し引くこと。税金の計算をするときには、税金の計算の基になる所得金額から、さまざまな金額を控除することで、税金の額を減らすことができる。

iDeCoの3大節税メリット

メリット①	メリット②	メリット③
年間の掛金	運用中の利益	年金の受取時
↓	↓	↓
全額「所得控除」	「運用益」が非課税	「退職所得控除」「公的年金等控除」
↓	↓	↓
所得税・住民税が減る	効率よくお金を増やせる	税負担が減る

自分のために
お金を出しながら
税金が減らせる！

NISAと同じく、
効率よく
お金が増える！

受け取るときにも
税金が
優遇される！

積立投資は早く始めて長く続けたほうが有利です。そのためには、口座開設を先にすませておく必要があるので、手続きをしておきましょう。

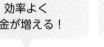

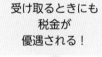

Topic 3

お金を増やしながら税金を減らせる！

所得控除で、どのくらいおトクになる？

毎年の税額はどうやって決まる？

所得税や住民税は、毎年1月1日から12月31日までの所得に対して課税されます。といっても、1年間の収入からそのまま税額を算出するわけではありません。

まず、1年間の給与収入から経費にあたる「給与所得控除」を差し引いて「給与所得」を計算します。次に、**給与所得からさまざまな「所得控除」を引いて、「課税所得」を求めます。この課税所得に税率をかけて税額が求められる**のです。

この税額は、さらに住宅ローン控除などの「税額控除」で直接差し引くことができます。そうして最終的に残った金額を納めるのですから、たくさん控除できたほうがおトクになります。

iDeCoの掛金は所得控除の対象

iDeCoの掛金は全額、所得控除のひとつ、**「小規模企業共済等掛金控除」として、課税所得から差し引くことができます。**

たとえば、毎月2万円の掛金だと、年間の掛金は24万円になります。そして、この24万円はその年の課税所得から減額できるので、仮に所得税率が10％の人なら、所得税が2万4000円節税になります。住民税は原則一律10％（所得割）なので、こちらも2万4000円の節税に。合計4万8000円もの節税効果があるのです。

用語解説

所得控除：課税所得から一定の金額を差し引くこと。iDeCoの小規模企業共済等掛金控除のほかに、配偶者控除、医療費控除、寄附金控除、生命保険料控除など、全部で15種類ある。

掛金が全額所得控除できる

●税額が決まるまでの流れ

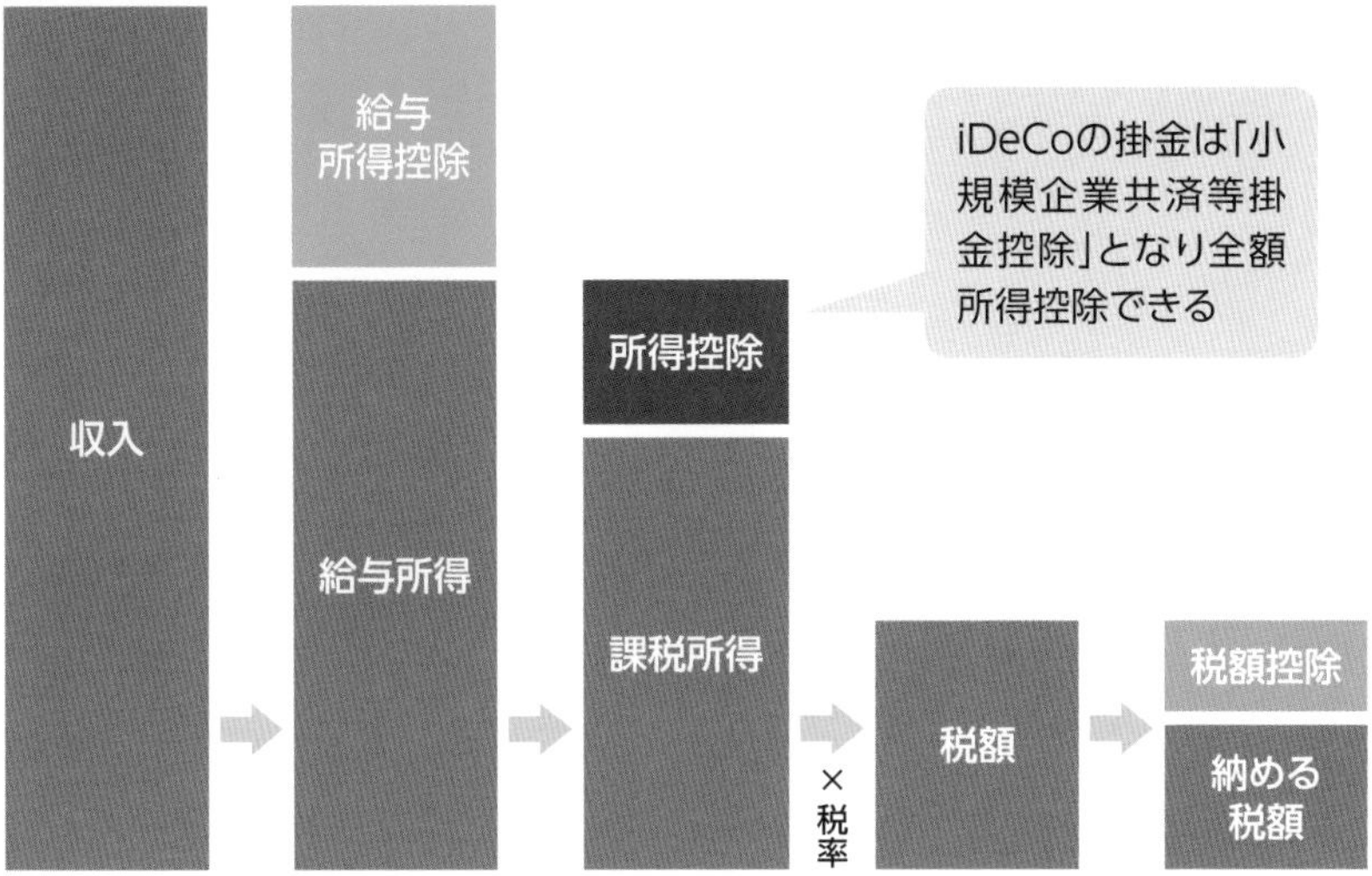

●例：所得税の税率が10％の人が毎月２万円ずつ積み立てた場合の節税額

iDeCoの掛金（年額）		（所得税率+住民税率）		節税額
24万円	×	（10％+10％）	=	4万8,000円

しかも毎年節税可能！
20年続けたら**合計96万円**の節税になる

会社員の場合、年末調整すると所得税は給与とともに還付され、翌年の住民税が安くなる

この節税効果はiDeCoの掛金を支払い続ける限り、毎年得ることができるので、楽な節税ともいえます。

Topic 4

早く始めた人ほどメリットが多くなる!

運用益非課税の効果を長く受けられる

最長75年の運用益が非課税に

iDeCoは、NISAと同じように、運用益を非課税にできます。20歳から運用した場合、一時金受け取りなら75歳になるまで、年金受け取りならば最長95歳になるまで75年間も運用益が非課税になります。

NISAと同様に長期にわたって積立・分散投資ができるため、リスクを抑えることが可能。そのうえ、iDeCoの掛金は全額所得控除できるので、NISAよりも税金を安くできます。

20代、30代で老後のことなんて早いといわず、**柔軟性のあるNISAと節税効果の高いiDeCoの併用**をおすすめします。

節税効果は30年で258万円

30歳の会社員(所得税10%+住民税10%)が毎月2万円を30年間、年利3%の月複利で運用したとします。

課税口座の場合、720万円の元本が1051万円に増えます。331万円増えましたが、**iDeCoなら、節税効果によってさらに資産を増やせます。**まず、この30年間の運用中の節税額が114万円になります。さらに、所得控除によって144万円が節税できるので、合計258万円分おトク。これを1051万円に足すと、合計で1309万円。**589万円増えたのと同じ効果が得られる**のです。

用語解説

源泉分離課税:ほかの所得と分離して一定の税率で税金が源泉徴収される課税方式。課税口座の投資の運用益からは、所得税15%・住民税5%の計20%(2037年末までは復興特別所得税を含むため20.315%)が源泉徴収される。

iDeCoを活用した場合としない場合の比較

●例：会社員Eさんが30年間、月2万円ずつiDeCoを利用し、年利3％で運用できたときの節税効果

会社員

年齢：30歳
年収：450万円
税率：20％
（所得税10％＋住民税10％）

投資効果は…

節税効果　234万円

毎月の掛金が2万円の場合	60歳までの積立時の節税額	144万円
年率3％(月複利)で運用した場合	60歳までの運用中の節税額	90万円

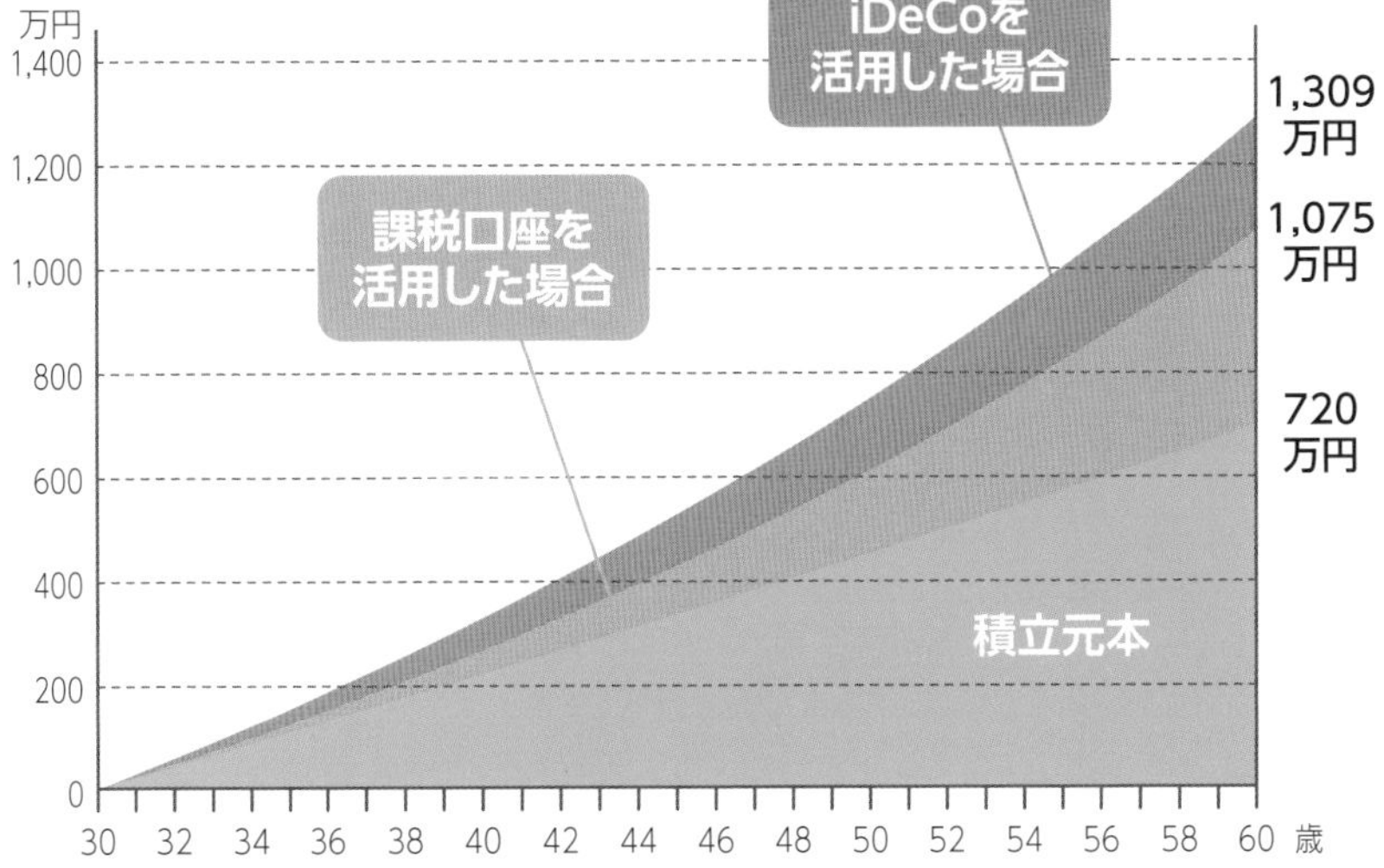

※上記は、計算ソフトでの試算であり、あくまでも仮の設定です。
利率や運用成果は商品や運用過程によって変動します。

iDeCoを活用するかしないかで大きな差に！
老後資金を貯めるなら、ぜひともiDeCoを活用したいところです。

Topic 5

2通りの受け取り方で税金が安くなる

運用したお金を受け取るときにも優遇がある！

一時金なら「退職所得控除」

iDeCoには受取時にも税金の優遇があります。**受取方法には大きく「一時金」と「年金」があり、金融機関によっては両者を組み合わせることもできます。**また、所定の条件を満たした場合に受け取ることも可能です。一時金で受け取る場合は、「退職所得控除」が利用できます。本来、退職所得控除は会社を退職するときに利用できる控除です。ですが、iDeCoで一時金をまとめて受け取る場合にも、これと同じ控除が利用できます。このように、**掛金の支払い年数に応じて、所得税を抑えることができるのも魅力的**なポイントです。

年金なら「公的年金等控除」

年金形式で受け取る場合は、「公的年金等控除」が利用できます。公的年金などを含めた収入金額から公的年金等控除を差し引いて、所得金額（雑所得）を計算します。

公的年金等控除は、年齢と年金の収入金額に応じて控除される金額に違いがあります。一時金、年金どちらの方法で受け取っても控除があるため、税金を減らせます。

ただし、**一時金で受け取る場合も年金で受け取る場合も、金額によっては非課税になる上限額を超える可能性があります。**また、加入者が所定の障害状態となったり、死亡したりした場合も資産が受け取れます。

Memo

一時金で受け取ると税金がかかる場合は、一時金と年金の両方を利用する「併給」がおすすめ。退職所得控除の上限まで一時金で受け取り、残りは年金で受け取るようにすれば、負担を減らすことができます。

一時金？ 年金？ どうやって受け取る？

●受取方法は3つから選択する

一時金
一時金で受け取れる

or

年金
年金で受け取れる

組み合わせもOK！

退職所得控除が適用
一時金で受け取るときには、「退職所得控除」が適用になる。iDeCoの積み立て期間もしくは勤続年数によって控除額が決まる。

公的年金等控除が適用
年金で受け取る場合は、「公的年金等控除」が適用になる。ほかの公的年金等の収入と合計した金額に応じて控除金額が異なる。

※現在は、ほとんどの金融機関で両者を組み合わせることが可能だが、対応していない金融機関もある

年金で受け取る場合には、口座管理手数料に加え、受け取りのたびに440円(税込)の振込手数料がかかる点に注意が必要です。

●老齢給付金以外にも受け取れるケース

年金の種類	年金受け取りの要件	年金のもらい方
障害給付金	加入者が高度障害状態となった場合	年金または一時金
死亡一時金	加入者が亡くなった場合	一時金
脱退一時金	以下(1)〜(7)の要件をすべて満たす場合 (1)60歳未満であること (2)企業型DCの加入者でないこと (3)iDeCoに加入できない者であること (4)日本国籍を有する海外居住者(20歳以上60歳未満)でないこと (5)障害給付金の受給権者でないこと (6)通算拠出期間が5年以内、または個人別管理資産額が25万円以下であること (7)最後に企業型DCまたはiDeCoの資格を喪失してから2年以内であること	一時金

Topic 6

ぜひ知っておきたい複利の力

長く続けるほどメリットがある！

複利効果でお金がどんどん増える

ｉＤｅＣｏで得た利益は、そのまま運用に回されます。その場合、投資の元手は、掛金とともに、どんどん増えていきます。**運用益を積立金に組み入れ、利息が利息を生んで増える効果を「複利効果」といい、長くなるほど影響が大きくなります。**

たとえば、毎月１万円を30年積み立てると、元本は３６０万円になります。このとき、仮に年３%で増やせたとすると、単利（元本にしか利息がつかないこと）の場合は５２２万円になるのに対し、複利では５８２万円にもなります。長い目で見ると、60万円もの差が生まれるのです。

20年間で資産3・7倍に！

左図は、２００３年11月から２０２３年10月までの20年間、Ｓ＆Ｐ５００と同じ値動きをする投資信託を利用して月１万円ずつ積み立てた場合の資産総額を示したものです。積み立てた元本の合計は２４０万円。それに対して、資産の総額は約８８６万円になる計算です。20年間で約３・７倍に増えました。

仮にこれをｉＤｅＣｏで運用していたとしたら、**この20年間の掛金はすべて所得控除になるので所得税や住民税は安くなり、運用益も非課税。受け取るときも優遇があります。**利益の金額以上におトクなのです。

用語解説

S&P500：米国株式市場の動向を示す、代表的な株価指数のひとつ。米国の主要な企業500社の時価総額をもとに計算される。S&P500に投資すると、これら500社に分散投資するのと同じような効果が得られる。

複利のパワーを活かそう!

複利効果とは? 運用益を積立金に組み入れることで、利息が利息を生んで増えていく効果

複利効果は期間が長くなればなるほど高まるよ!

毎月1万円を30年積み立てていく場合

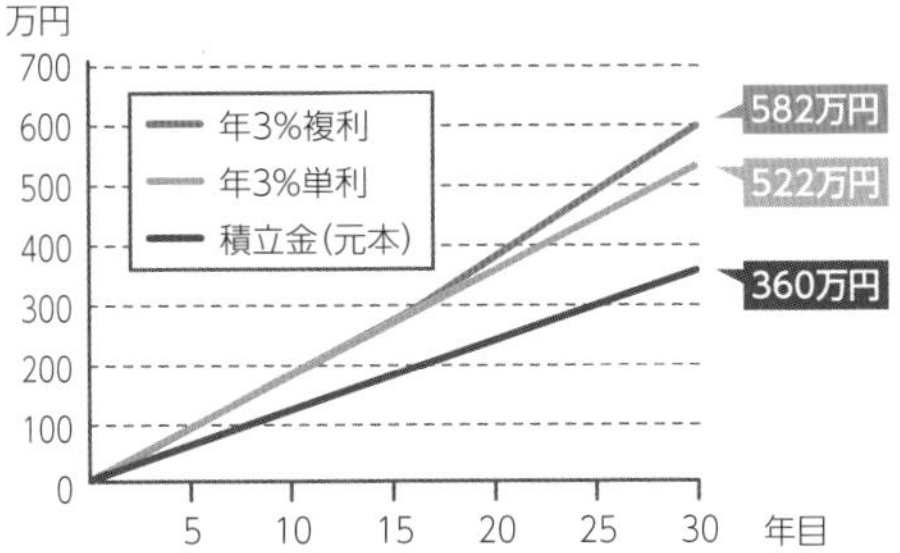

S&P500に2003年11月から2023年10月までの20年間、月1万円積み立てた場合

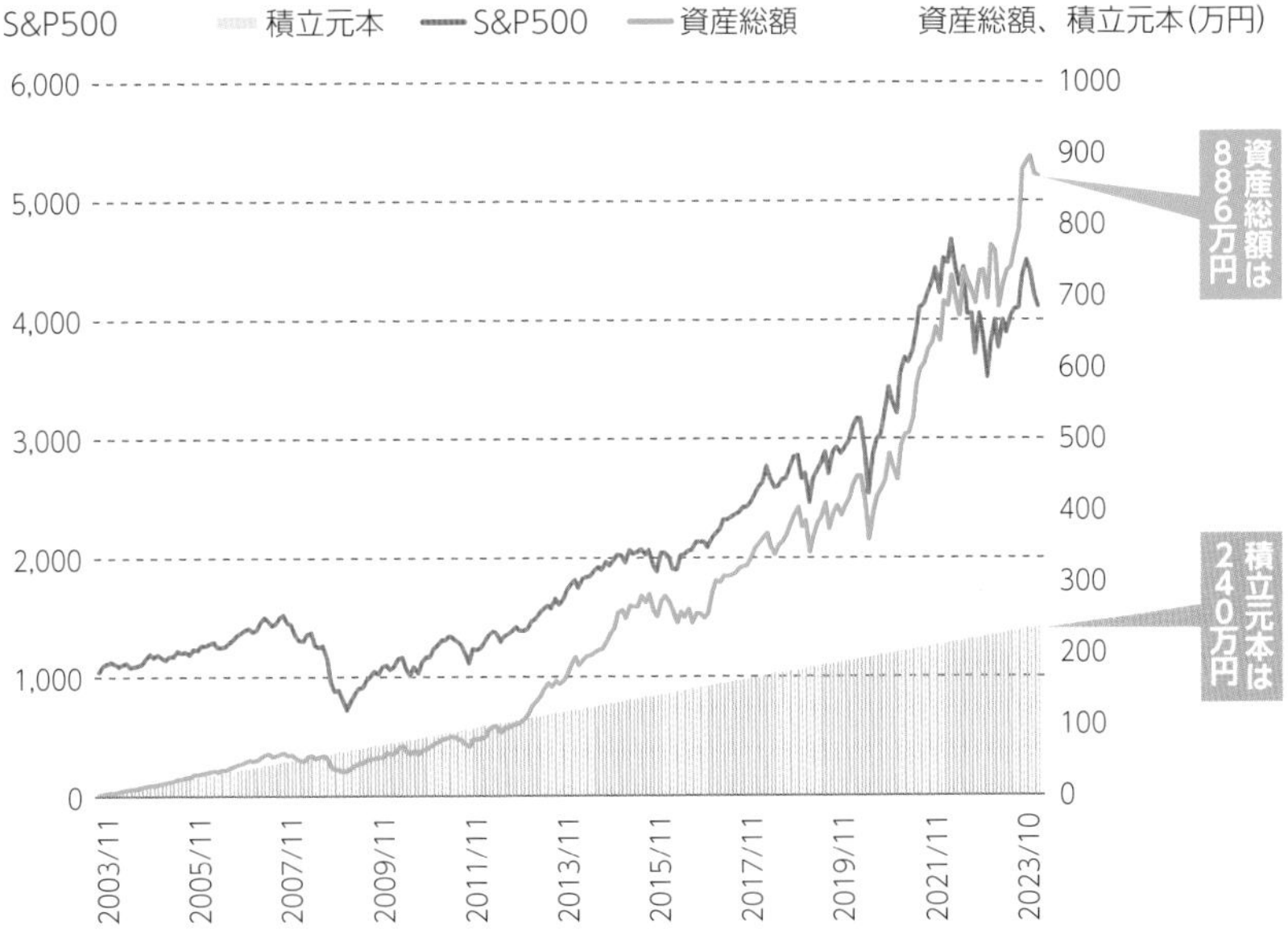

時間を味方につけながら、堅実に資産を増やすことができるのが長期積立の効果です。

Topic 7

自分の掛金の上限をチェックしよう

人によって掛金の上限が異なる

iDeCoは5000円から！

iDeCoの掛金は、最低月額5000円からです。掛金の上限は左図のとおり、**加入者の国民年金のグループや企業年金の有無で細かく変わります。**なお、掛金は1000円単位で増やすことができます。

もっとも掛金が多くできるのは、自営業・フリーランスの方や学生など（国民年金の第1号被保険者）で月6万8000円まで。これらの方々は、会社員の厚生年金にあたる部分がない分、将来の保障が手厚くなる制度になっています。

会社員（国民年金の第2号被保険者）の掛金の上限は、企業年金の有無によって変わるので要チェック。公務員は月1万2000円（2024年12月からは月2万円）、専業主婦・主夫など（国民年金の第3号被保険者）は月2万3000円までです。

掛金は定額か月ごとを選択する

iDeCoの掛金は、**毎月定額で支払う方法（月払い）と、月ごとに決めた金額を支払う方法（年単位拠出）があります。**

毎月定額の場合は、あらかじめ設定した金額を拠出して、毎月積み立てていきます。これに対し、年単位拠出では、あらかじめどの月にいくら支払うかを届け出ることで、掛金をまとめて払う月やまったく払わない月を作ることができます。

用語解説

企業型確定拠出年金（企業型DC）：企業年金のひとつ。勤め先の企業が毎月掛金を積み立て、従業員（加入者）がiDeCoと同じように運用を行う。そして、その成果を老後に受け取ることができる。

あなたの掛金の上限額はいくら？

●自分がどこに当てはまるか確認しよう！

自営業者・フリーランス・学生

(国民年金第1号被保険者)

月額 6万8,000円
年額 81万6,000円

公務員※1

(国民年金第2号被保険者)

月額 1万2,000円
年額 14万4,000円

専業主婦(主夫)

(国民年金第3号被保険者)

月額 2万3,000円
年額 27万6,000円

会社員

(国民年金第2号被保険者)

・企業年金なし

月額 2万3,000円
年額 27万6,000円

・企業型確定拠出年金のみ※2

月額 2万円
年額 24万円

・確定給付型企業年金あり※1、※3

月額 1万2,000円
年額 14万4,000円

掛金の上限は働き方や企業年金制度により異なります。拠出限度額の範囲内で、月5,000円から1,000円単位で自由に積み立て可能です。

※1　2024年12月より月額2万円・年額24万円になる予定
※2　月額5.5万円－各月の企業型DCの事業主掛金額(月額2万円が上限)
※3　月額2.75万円－各月の企業型DCの事業主掛金額(月額1.2万円を上限)

●掛金の積み立て方法

毎月定額で積み立て

月5,000円からそれぞれの拠出限度額の範囲で、1,000円単位で毎月の掛金を指定。

1月	2月	3月	4月	5月
¥10,000	¥10,000	¥10,000	¥10,000	¥10,000

数カ月分をまとめて積み立て(年単位拠出)

1月から12月までの引落月の間で、任意の月に数カ月分をまとめて積み立てること。引落月や金額の指定には制約があるので、詳細は金融機関に問い合わせを！

1月	2月	3月	4月	5月	6月
¥0	¥0	¥30,000	¥0	¥0	¥10,000

Topic 8

どんな商品で運用できる？

iDeCoの商品は定期預金・保険・投資信託

元本確保型は定期預金と保険

ｉＤｅＣｏで扱っている商品は、大きく分けると元本確保型の商品と元本が変動する投資商品の2種類があります。

元本確保型の商品には、「定期預金」と「保険」の2つがあります。定期預金は、通常の銀行の定期預金とほぼ同じです。満期になると元本に利息を組み入れて自動的に更新されます。一方の保険は、万が一の保障よりも貯蓄に重きを置いた商品です。

各金融機関は、通常1本は元本確保型の商品を用意しています。とはいえ、ｉＤｅＣｏの商品ラインアップでは、圧倒的に投資信託が多くなっています。

お金を増やすなら投資信託

ｉＤｅＣｏの商品の多くは、元本が変動する投資信託で運用しています。

左図は、楽天証券のｉＤｅＣｏで購入できる商品の一覧です。なお、各金融機関の商品数は、２０２３年5月から最大で35本までになりました。

お金を増やしたいなら、投資信託で運用するのがおすすめ。定期預金や保険ではお金が減らない代わりに、利益はほとんど増えないため、運用益非課税の効果を活かせません。その点、**投資信託なら、運用益非課税を活かし、長期・積立・分散投資でじっくり年金を育てることが可能**です。

用語解説

ペイオフ：預金保険制度に加盟している金融機関が破綻した場合に、預けていた金額のうち、1,000万円とその利息までは保証される。預金者を保護する方法のひとつ。

商品は大きく2種類に分かれる

元本が保証されているもの

定期預金・保険

iDeCoの定期預金も通常の銀行が取り扱っている定期預金と同じ。満期を迎えると、利息を含めた元本で自動的に更新されます。また、保険は貯蓄性の強い商品になります

元本が変動するもの

投資信託

投資信託は、運用環境によって値動きがある商品です。多くの人から集めたお金をひとつにまとめ、運用の専門家が国内外の株式や債券などに分散投資をしています

●例：楽天証券のiDeCoの商品ラインアップ（2023年10月31日時点・一部抜粋）

投資先	名称	ファンドの管理費用（含む信託報酬・税込）
国内株式	三井住友・ＤＣつみたてNISA・日本株インデックスファンド	0.176%
	たわらノーロード　日経２２５	0.143%
	コモンズ30ファンド	1.078%
国内債券	たわらノーロード国内債券	0.154%
	明治安田DC日本債券オープン	0.66%
国内REIT	三井住友・ＤＣ日本リートインデックスファンド	0.275%
	野村J-REIT ファンド（確定拠出年金向け）	1.045%
海外株式	たわらノーロード先進国株式	0.09889%
	楽天・全米株式インデックス・ファンド	0.162%
	インデックスファンド海外新興国（エマージング）株式	0.374%
海外債券	たわらノーロード先進国債券	0.187%
	たわらノーロード先進国債券（為替ヘッジあり）	0.22%
	インデックスファンド海外新興国（エマージング）債券（１年決算型）	0.374%
海外REIT	三井住友・ＤＣ外国リートインデックスファンド	0.297%
国内外株式	セゾン資産形成の達人ファンド	1.54%
	楽天・全世界株式インデックス・ファンド	0.192%
コモディティ	ステートストリート・ゴールドファンド（為替ヘッジあり）	0.895%
バランス型	三井住友・ＤＣ世界バランスファンド（動的配分型）	1.292%
	三菱ＵＦＪ ＤＣバランス・イノベーション（ＫＡＫＵＳＨＩＮ）	0.66%
	投資のソムリエ＜ＤＣ年金＞	1.21%
ターゲットイヤー型	楽天ターゲットイヤー2040	0.8375%
	楽天ターゲットイヤー2050	0.8375%
定期預金	みずほDC定期預金	―

Topic 9

お金が長期間固定されるのが不安?

60歳まで引き出せないからしっかり貯まる

確実に老後資金が用意できる

iDeCoのデメリットとしてよく語られるのは、60歳まで引き出せないこと。老後を迎えるまでには、結婚、出産、住宅購入などのライフイベントがあります。しかし、60歳まで引き出せないとなると、ライフイベントにお金を回すことができません。

ただし、これは考え方の問題です。そもそも、iDeCoは老後資金を準備する制度。60歳まで引き出せないからこそ、「ちょっとだけ使おうかな」という誘惑に負けることもないのです。**確実に老後資金が用意できると考えれば、60歳まで引き出せないのはむしろ大きなメリット**なのです。

60歳から受け取るには?

iDeCoの資産を60歳で引き出すには、**iDeCoへの加入期間が10年以上あることが必要**です。iDeCoの加入期間とは、iDeCoの掛金を納付した期間と、掛金の拠出をしない運用指図者だった期間の合計です。また、企業型からiDeCoに移行したなど、iDeCo加入前に別の年金制度に加入していた場合は、それらと合算した加入期間が10年以上なら、60歳から引き出し可能。60歳時点で加入期間が10年未満なら、加入期間に応じて受け取りを開始できる年齢がずれます。60歳以降の加入者は、加入から5年経過後より受け取れます。

Memo

iDeCoを含む企業年金の積立金には、本来、年1.173%の特別法人税が課せられます。現状、特別法人税は2026年3月末まで課税が凍結されていますが、もし復活すれば、年間の手数料(→P104)とともにコスト増の要因となります。

60歳から受け取るには、加入期間に注目！

●加入期間の定義とは？

加入期間 ＝ 「iDeCoの掛け金を納付した期間」＋「運用指図者だった期間」＋「iDeCo移行前の年金制度の加入期間」

加入期間が10年以上あれば、60歳から受け取ることができる。加入期間が10年に満たない場合は、受け取り可能年齢が引き上げられる。

運用指図者 ➡ 新たに掛金を出さず、運用の指示だけする人

iDeCoで運用指図者になる人の条件

- 60歳になった一定の人、または65歳になった人
- 国民年金の保険料を免除されている人
- 企業型DCに加入した人
 (iDeCoとの同時加入が認められない場合)
- 運用指図者になることを申し出た人　など

運用指図者になっても、手数料は毎月かかるので注意！

●加入期間と受け取り開始年齢

	加入期間	
～50歳未満	10年以上	60歳～75歳の間
50～52歳未満	8年以上10年未満	61歳～75歳の間
52～54歳未満	6年以上8年未満	62歳～75歳の間
54～56歳未満	4年以上6年未満	63歳～75歳の間
56～58歳未満	2年以上4年未満	64歳～75歳の間
58～60歳未満	1カ月以上2年未満	65歳～75歳の間
60歳以上	加入 ⇔ 5年経過	～75歳の間

(50歳　60歳　70歳　75歳)

iDeCoの年金を60歳から受け取りたいなら、早く始めて長く続けることが大切です。

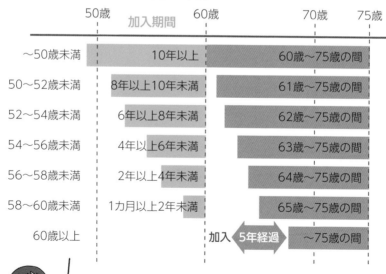

Topic 10

iDeCoの改正内容を要チェック!

iDeCo制度の注意点は?

一部併用できないものがある

２０２２年10月より、企業型ＤＣの加入者が原則ｉＤｅＣｏに加入できるようになりました。しかし、企業型ＤＣでマッチング拠出を利用している方は要注意。**ｉＤｅＣｏとマッチング拠出は併用できません。**

マッチング拠出は、会社が支払う企業型ＤＣの掛金に自分で上乗せできるしくみ。上乗せした掛金は所得控除できます。

マッチング拠出の掛金は、会社の掛金より多くできません。一方、ｉＤｅＣｏの掛金は会社の掛金にかかわらず一定額。会社の掛金額が少ない場合はｉＤｅＣｏを利用したほうが掛金の上限額を増やせます。

60歳以降に加入できない人もいる

２０２２年5月より、ｉＤｅＣｏに加入して掛金を拠出できる年齢が「60歳まで」から「65歳まで」に5年間延長になりました。ただ、**60歳以降にｉＤｅＣｏに加入できるのは国民年金の被保険者のみ。**会社員・公務員(国民年金の第2号被保険者)と任意加入被保険者が該当します。フリーランスや個人事業主、専業主婦(夫)は、60歳で国民年金から脱退になるので、任意加入被保険者にならない限りｉＤｅＣｏに加入できません。また60歳以降、公的年金の繰上げ受給・ｉＤｅＣｏの受給を開始した場合も、ｉＤｅＣｏに加入できなくなります。

用語解説

(国民年金の)任意加入被保険者:国民年金保険料の納付済期間が40年(480月)に満たない場合、最長で65歳までの5年間国民年金に加入できる制度。国民年金の納付済み期間が増えるため、将来受け取る年金額を増やすことができる。

iDeCoとマッチング拠出は併用できない！

どちらかを選択！

●iDeCoとマッチング拠出の違い

	iDeCoに同時加入	マッチング拠出を利用
口座管理手数料	自分で負担する	会社が負担してくれる
掛金のルール	●「会社の掛金とiDeCoの掛金」の合計は企業型DC限度額（5.5万円または2.75万円）以内 ●iDeCoの掛金の上限は2万円または1.2万円	●「会社の掛金とマッチング拠出」の合計は企業型DC限度額（5.5万円または2.75万円）以内 ●マッチング拠出の掛金の上限は会社の掛金額まで
管理する口座数	iDeCoの口座 企業型DCの口座	企業型DCの口座
運用できる商品	iDeCoは自分で選んだ金融機関の商品 企業型DCは会社が提示した商品	会社が提示した商品

手数料はマッチング拠出がおトクだけど、
iDeCoなら自分が気に入った商品で運用できるよ。

●iDeCoとマッチング拠出の掛金のイメージ

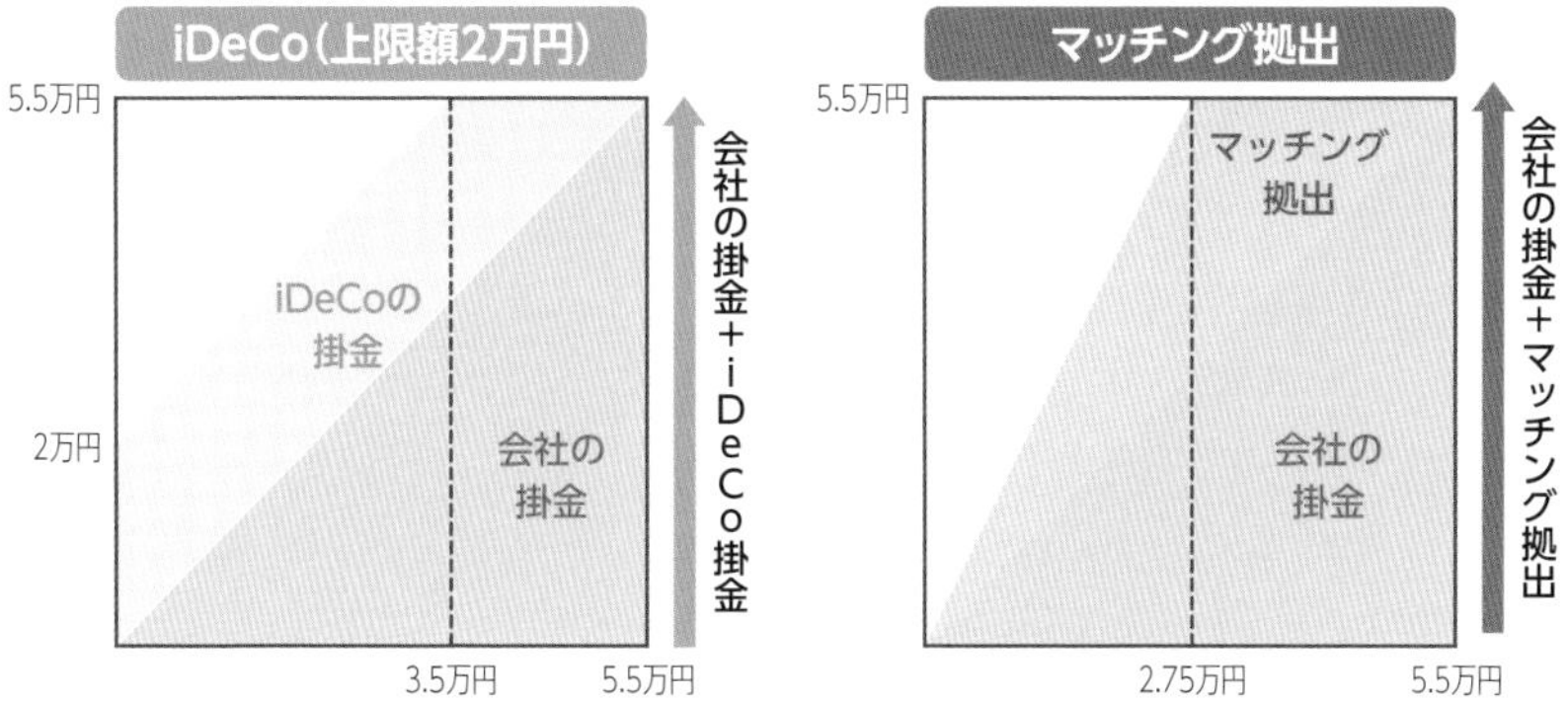

※企業型DCのみ実施している場合。企業型DCと確定給付企業年金がある場合の金額は5.5万円→2.75万円、3.5万円→1.55万円、2.75万円→1.375万円、2万円→1.2万円となる。なお、企業型DCとiDeCoを併用するには、「各月拠出」となっている必要がある

会社の掛金が少ないうちは、iDeCoを利用したほうが掛金を多くできます。会社の掛金が増えてきたら、iDeCoからマッチング拠出に切り替えて運用を続けることも可能です。

Column

☑ 専業主婦(夫)でもiDeCoに入るべき?

本章でも紹介したとおり、第3号被保険者である専業主婦(夫)の人もiDeCoに加入できます。加入できる金額は、年額27万6,000円までで、毎月5,000円から2万3,000円までの範囲内で設定ができます。

とはいえ、年間の収入がない、または年収100万円以下である専業主婦(夫)の人は、所得税・住民税を支払っていません。iDeCoの所得控除は加入者本人の所得税・住民税しか引くことができませんので、せっかくの節税メリットが活かせなくなってしまいます。

では、専業主婦(夫)はiDeCoは不要かというと、そうではありません。iDeCoの所得控除以外のメリットに目を向けましょう。

まず、運用益が非課税になります。仮に30歳でiDeCoに加入した場合、最長65歳になるまでお金を積立可能。一時金で受け取る場合、75歳まで受け取り開始を繰り下げられるので、45年間も非課税で長期投資ができます。さらに、75歳から20年間かけて年金で受け取る場合、受け取る前の資産は95歳まで非課税で運用できます。

また、iDeCoでは、掛金を払っていた期間に応じて、退職所得控除が適用されます(→P72)。

さらに、扱いのある投資信託のコストが一般で購入するよりも安いことです。iDeCoでは購入時手数料と信託財産留保額のかからない商品がほとんどですし、信託報酬も若干低くなっている場合があります。

そして、専業主婦(夫)が職場復帰した際に所得控除の効果が得られることもメリットです。「人生100年時代」と呼ばれる中、働き方が多様化しています。一度仕事を退職した方でも、改めて仕事を始めることもあるでしょう。そうしたときに、iDeCoを利用していれば、所得控除を受けることができます。

何より、専業主婦(夫)でも、自分自身の資産をしっかりと築いていくことは大切です。iDeCoを通じてお金を働かせることで、金銭的なメリットが手に入るだけでなく、投資が楽しいものだという気づきも得られるでしょう。

第3章

実践！ 運用スタートまでのプロセス

NISAもiDeCoもスタートする際は、
いくつか難しそうな書類を提出する必要がありますが、
やってみるとそんなに難しいものではありません。
本章を参考に口座開設から
商品購入までの手順を学びましょう。

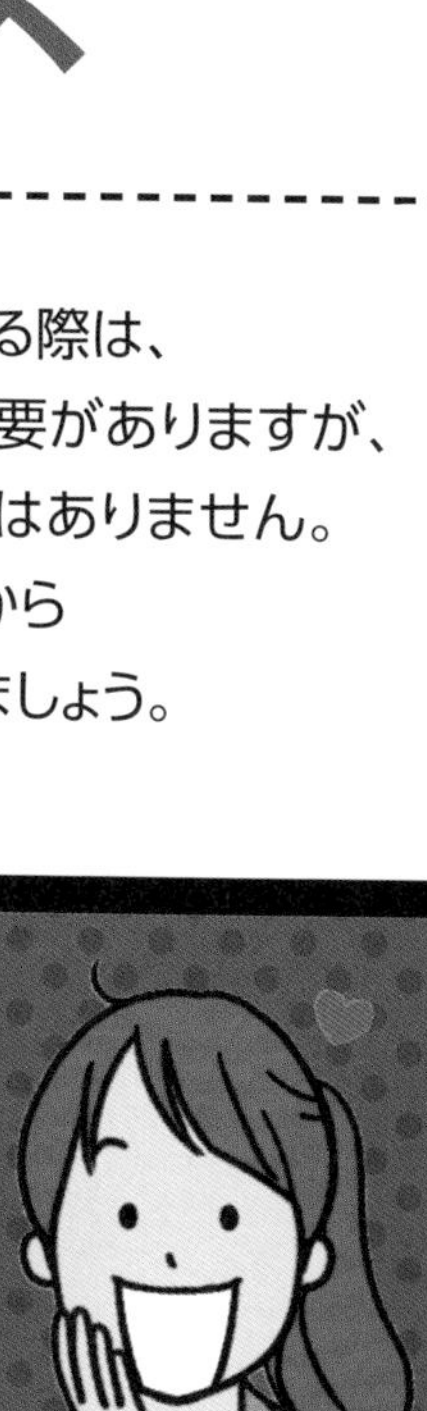

口座開設が最初の壁!?

―会社にて
はぁー
何へこんでるの? YouTubeチャンネルが炎上でもした?
先輩 そもそも諒太のチャンネルは炎上するほど知られてないですよ
そうだった 失敬失敬
うぐ…
違います!
昨日NISA口座開設のためにウェブをいろいろ見ていたんですが…
おーエライ! 行動派!
そしたらいろんな金融機関が山程でてきて…
有名証券 初耳証券
Net証券
オススメはココだ!
あそこはここがよい! ここはここがよい!
どーすりゃいいの?
わかる!
聞いたこともないような金融機関もいっぱいあるよね

どういう違いが
あるのかも
わからなくなって
心が折れました…
俺は
口座開設すら
できない男…
ヨレ
あははは
でも
私も同じ
どこがいいのか
調べているだけで
結構時間たったわ
気づいたら
2時間とか
でしょ
でしょ
そもそも
NISA口座は
一人一口座！
ってなると慎重に
なりますよね
お前ら
仕事
しろっ
じゃあ
諒太を見習って
即行動！
先生に相談しに
行こう！
—先生の事務所へ
頼藤先生！
どこで口座を
開設すればいいか
わかりません！
教えて
ください！
口座開設すら
できない俺に
運用なんて…
ムリムリ
ハハハ

大丈夫です！
私が
おすすめの金融機関を
いくつか教えて
あげましょう
ありがとう
ございます！
そこから
どうやって金融機関を
ひとつに絞り込めば
いいですか？
まず
金融機関によって
商品の取り扱いが
異なるので
買いたい商品が
あるところを
選ぶのが大切です
国内株式
海外株式
国内債券
海外債券
ほほう
なるほど！
じゃあ
まずは買いたい商品を
明確にしてみます
あと
サポート体制も
重要ですね
平日の日中は
なかなか時間が
とれないでしょう？
平日
昼休みは
ご飯
食べないと
休日
眠い…
ムニャムニャ
ぶっちゃけ
相談のために
貴重な有給を
使いたくないなって
思っていました！
まーね

なので平日の夜や休日でも問い合わせできる金融機関

夜でもやってるよ！おいでー

いらっしゃーい

金融機関

または対面で相談できる金融機関が初心者にはおすすめです

金融の相談員

私は投資したら使っているクレジットカードと同じポイントが貯まる！って金融機関に興味を持っています…！

銀行と証券会社の口座を連携すると資金の移動が便利になる金融機関もあるよね

そういう金融機関が増えていますね！

よっ！

投資

POINT
POINT
POINT
POINT
POINT
POINT

クレジットカード

NISAやiDeCoをスタートしてから金融機関を変更すると時間がかかるので慎重に選びましょう！

商品の買い方も決して難しくはないですよ！

がんばります！

Topic 1

ＮＩＳＡとｉＤｅＣｏ、どちらを優先する？

自分に向いているのはどの制度？

優先順位は年齢が1つの判断軸

ＮＩＳＡとｉＤｅＣｏは併用できます。資金に余裕があるならば併用して堅実にお金を増やしたほうがいいのですが、投資できるお金には限りがありますよね。**どちらを優先すべきか、という判断軸の1つが「年齢」です。**

節税効果が高いのはｉＤｅＣｏですが、ｉＤｅＣｏは老後資金しか貯められず、毎年、口座管理手数料がかかるのがネックです。したがって、ライフイベントが控える20代・30代であれば、ＮＩＳＡを優先するとよいでしょう。ＮＩＳＡで貯めたお金はさまざまな用途に使うことができます。

40代・50代はｉＤｅＣｏを優先

一方、**40代・50代ならば、ｉＤｅＣｏを優先**することを検討します。特に50代は、年収が生涯で一番高い時期だと考えられます。年収が高いほど、所得控除の効果が大きく得られるｉＤｅＣｏを優先したほうがいい、というわけです。資金にも余裕が出てくる時期でもあるので、ｉＤｅＣｏを掛金上限額まで活用しつつ、ＮＩＳＡも併用するといいでしょう。

なぜなら、**ｉＤｅＣｏは65歳未満までしか新規の投資ができないからです。**ＮＩＳＡであれば年齢の上限なく無期限で非課税の投資を続けることができます。

Memo

iDeCo加入時の口座開設手数料や毎月の手数料（毎月拠出で最低でも171円）は、毎月の掛金から差し引かれます。掛金額が5千円でも2.3万円でも同じ金額がかかるため、掛金額が少ないほど手数料の割合が大きくなってしまいます。

NISAとiDeCo、どっちを優先？

●NISA・iDeCo、向いている人は？

NISAが向いている人	・所得のない人 ・毎月の投資金額は少ない人（1万円未満） ・老後資金以外の資金を貯めたい人 ・ETF、個別株、REITに投資したい人 ・60歳以上で長期投資をしたい人
iDeCoが向いている人	・所得のある人 ・毎月1万円以上投資できる人 ・老後資金を貯めたい人 ・貯蓄が苦手な人

20代・30代は引き出し制限のないNISAからがおすすめ。年収が高くなる40代・50代で老後資金を貯めるならiDeCoを優先するメリットが大きくなります。

●年代別優先例

20代…NISAを優先！

例：つみたて投資枠で
毎月1万円ずつ40年投資

元本480万円
→**1,182万円**
（運用利回り年4％）

30代…NISAを優先！

例：つみたて投資枠で
毎月3万円ずつ30年投資

元本1,080万円
→**2,082万円**
（運用利回り年4％）

40代…iDeCoを優先！

例：iDeCoで毎月2万円
つみたて投資枠で毎月3万円
ずつ20年投資

元本1,200万円
→**1,834万円**
（運用利回り年4％）

＋所得税率10％（住民税一律10％）の場合
20年で**96万円**の節税

50代…iDeCoを優先！

例：iDeCoで毎月2万円
つみたて投資枠で毎月5万円
ずつ15年投資

元本1,260万円
→**1,723万円**
（運用利回り年4％）

＋所得税率20％（住民税一律10％）の場合
15年で**108万円**の節税

少額から始めて、慣れてきたら投資金額を増やそう。投資金額が増えてきたら、NISAとiDeCoを併用するといいよ！

Topic 2

NISA編①

NISAスタートまでの流れ

ウェブサイト上で口座開設手続き

NISAをスタートするには、金融機関でNISA口座を開設する必要があります。NISA口座の開設には、証券会社なら証券口座、銀行なら普通預金口座・投資信託口座が必要です。これらの口座がないなら先に開設しておく必要があります。ただし、証券口座（普通預金口座・投資信託口座）の開設と同時にNISA口座の手続きができる便利な金融機関も多数あります。

証券口座の口座開設の手続きは、ウェブサイト上でできる金融機関がほとんどです。まずは、口座開設ページにアクセスし、住所・氏名などを記載して上記の口座開設を申し込みましょう。さらに、**本人確認書類とマイナンバー確認書類を提出します。**本人確認書類として利用できる書類は、マイナンバーカードや運転免許証、健康保険証、パスポートなどが一般的です。スマホで本人確認書類の写真を送信するだけで提出が完了する金融機関もあります。

即日で運用が開始できるところも

証券口座が開設できたら、金融機関のウェブサイトにログインして、NISA口座を申し込み、本人確認書類を提出します。受付完了後から運用ができます。近年は、**簡易NISA口座の手続きにより、最短即日で運用ができる**ようになっています。

Memo

従来のNISA（一般・つみたて）をすでに利用している人は、新NISA制度開始時に新NISA口座が自動的に設定されます。そのため、特に追加の手続き等は不要です。従来のNISA口座で保有している商品を売却する必要もありません。

NISA口座開設までの流れ

●証券会社の例をチェック！

1 証券会社のウェブサイトにアクセスし、必要事項を記入

画面の指示にしたがって、間違いのないように入力しましょう。間違いがあると、提出し直しになって時間がかかってしまいます。

2 本人確認書類・マイナンバー確認書類を提出

後日届く申込書に必要書類のコピーを添えて返送。スマホで撮った画像をアップロードするだけで提出できるところも多くあります。

3 証券口座開設後、NISA口座申込資料を請求

証券口座が開設できると、ログインのIDとパスワードが記載された用紙が届きます。これを使って証券会社のウェブサイトにログインし、申し込みます。

4 必要事項を記入し、本人確認書類・マイナンバー確認書類を提出

申請後、証券会社を通じて税務署による審査が行われます。

5 審査後、問題なければNISA口座開設

口座開設手続き完了のお知らせが届けば、NISA口座の開設は完了。投資信託を選んで購入することができます。

①で証券口座と同時にNISA口座を申し込めるところも多いよ！

●口座開設完了までにかかる期間

・証券口座とNISA口座を同時に開設：1週間程度
・証券口座保有者がNISA口座のみ開設：1〜2日程度

早く始めて長く続けるためにも、口座開設が早く完了するのはありがたいですね。

Topic 3

NISA編②

NISAの金融機関選び

NISA口座は「1人1口座」

NISA口座は1人1口座のみ。そして、**金融機関によってサービスが異なるため、どこでNISA口座を開設するかは重要です。**

つみたて投資枠ならば、「積み立ての頻度を細かく設定できるか」「少額から積み立てができるか」「投資できる商品の数が多いか」「信託報酬の安い商品が揃っているか」「クレカ投資のポイント還元率は高いか」「ポイントの種類、経済圏が自分に合っているか」「サイトやアプリの使いやすさ・サービスの充実度はどうか」という観点で金融機関を比較して選びましょう。

株式投資できるのは証券会社のみ

銀行や保険会社では株式やETFを購入できないので、成長投資枠で株式やETFを購入したいなら、証券会社を選択。**おすすめは手数料の安いネット証券です。**

日本株の取引は、どのネット証券でも大差ありません。しかし、米国の株・ETFとなると取り扱い銘柄数が各社違います。将来、投資したくなったときに備えて、**米国株・米国ETFの取り扱いが多い金融機関を選んでおくといいでしょう。**

以上を各社比較すると、左の表に示した**SBI証券・楽天証券・マネックス証券の3社から選ぶのがおすすめ**です。

用語解説

スイープサービス：銀行口座と証券口座を連携させるサービス。連携した銀行に入金したお金を直接投資に利用できる。SBI証券や楽天証券のスイープサービスでは、提携銀行の普通預金金利がアップする特典もある。

NISAおすすめ金融機関

		SBI証券	楽天証券	マネックス証券
売買手数料	つみたて投資枠（投資信託）	無料	無料	無料
	成長投資枠（日本株）	無料	無料	無料
	成長投資枠（米国株）	無料	無料	無料
つみたて投資枠	投資信託の本数	**210本**	**203本**	**199本**
	積立の頻度	**毎月・毎週・毎日**	**毎月・毎日**	**毎月・毎日**
	クレカ積立	三井住友カード	楽天カード	マネックスカード
	ポイント還元率※	0.5%～5%	0.5%～1%	1.1%
成長投資枠	単元未満株取引	**あり（S株）**	**あり（かぶミニ）**	**あり（ワン株）**
	株の定期買付	米国株	日本株・米国株	米国株
	米国株・ETF取扱数	**5343銘柄**	**4793銘柄**	**4518銘柄**
その他	スイープサービス	あり（住信SBIネット銀行）	あり（楽天銀行）	なし
	主な無料情報	SBI証券投資情報メディア 会社四季報	投資情報サイト「トウシル」 会社四季報・日本経済新聞・マネー本	投資情報サイト「マネクリ」 会社四季報
	コールセンター	平日8時～17時 土日9時～17時（投信・NISAの質問のみ）	平日8時30分～17時 土日9時～17時（NISAの質問のみ）	平日8時～17時

※上記欄で紹介したクレジットカードを利用した場合の還元率。
その他のクレジットカードを利用したクレカ積立ができる場合もある

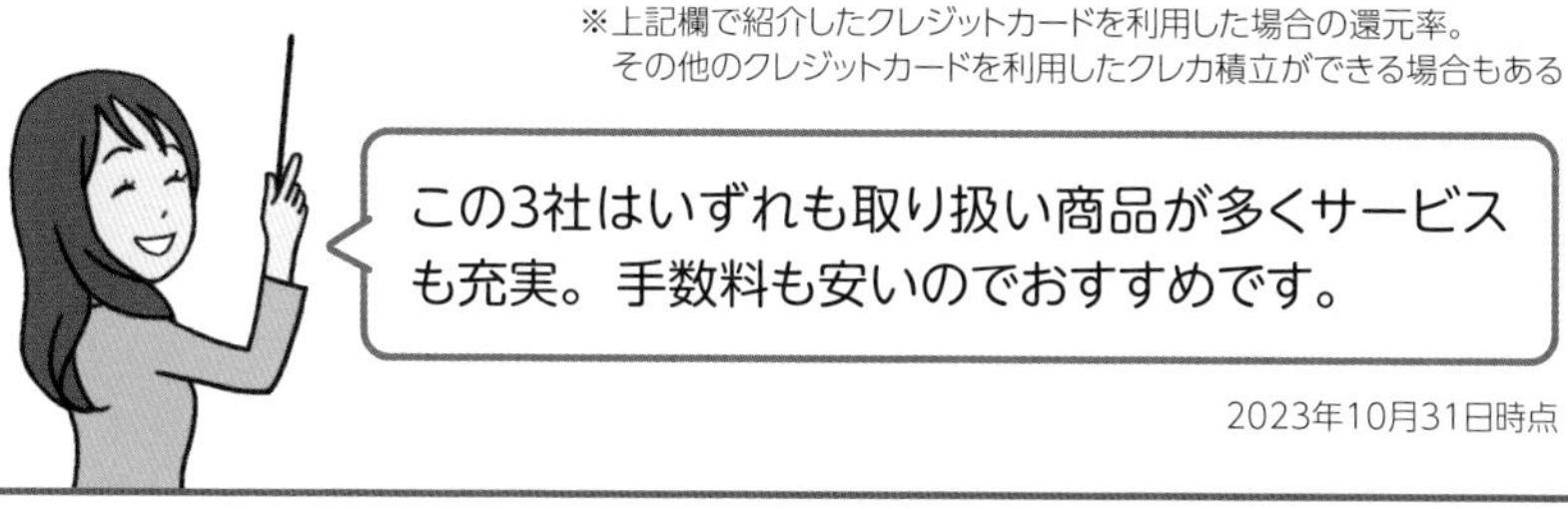
この3社はいずれも取り扱い商品が多くサービスも充実。手数料も安いのでおすすめです。

2023年10月31日時点

Topic 4

NISA編③

NISAの口座を開設しよう

特定口座・一般口座とは？

口座開設は、ウェブサイトの指示にしたがって進めればそれほど難しくありません。ただ、「特定口座」「一般口座」について、悩まれる方が多くいます。

証券口座や投資信託口座には、さらに「特定口座（源泉徴収あり）」「特定口座（源泉徴収なし）」「一般口座」の3種類があります。この**3種類は、左図のとおり、それぞれ税金の計算や納税の方法が違います。**

これからもずっとNISAでしか投資をしないのであれば、どれを選択しても結構です。なぜなら、NISAでの利益には税金がかからないからです。

しかし将来、**NISA以外の投資もする可能性があるならば「特定口座（源泉徴収あり）」を選びましょう。**確定申告の手間が省けます。

口座が開設できないとどうなる？

証券口座がすでにある場合、その証券会社にNISA口座を申し込むと、税務署の審査結果を待たずに、新NISAの投資を始められます。

ただし、**税務署の審査の結果、NISA口座が開設できなかった場合は、一般口座で取引したものとみなされます。**この場合、確定申告も納税も自分でしないといけないのでご注意ください。

Memo

金融機関を変更するときは、現在NISA口座を保有している金融機関で金融機関変更の手続きを行い「勘定廃止通知書」をもらう必要があります。そして、新たにNISA口座を開設する金融機関にほかの必要書類とともに提出すればOKです。

NISAを扱える口座のしくみと特徴

●特定口座と一般口座の違いとは？

	おすすめ！ 特定口座（源泉徴収あり）	特定口座（源泉徴収なし）	一般口座
確定申告	○ 不要	× 利益20万円超なら必要	× 利益20万円超なら必要
年間取引報告書	○ 金融機関が作成	○ 金融機関が作成	× 自分で作成
自分ですること	特になし 金融機関が1年間の取引をまとめた年間取引報告書を作り、納税してくれる	確定申告 金融機関が年間取引報告書を作ってくれる。それを利用して、自分で確定申告を行う	確定申告・取引報告書作成 自分が年間取引報告書を作成。それを利用して確定申告を行う

課税口座を使って投資をする必要が生じた場合は、特定口座（源泉徴収あり）を選んでおけば確定申告が不要になります。特に手数料などもかかりません。

●NISA口座が開設できないのはどんなとき？

理由1 すでにNISA口座を持っているのに申し込んだ

金融機関を変えたいなら、NISA口座のある金融機関から「勘定廃止通知書」を取り寄せ、「非課税口座開設届書」とともに利用したい金融機関に提出！

理由2 複数のNISA口座を同時に申し込んだ

最初に申し込みの情報を税務署に提出した金融機関でNISA口座が開設されます。

開設できなかった口座での取引 ➡ 「一般口座での取引」として課税される！

Topic 5

NISA編④

つみたて投資枠で商品を購入しよう！

商品の買付設定をしよう

まずは、初心者向けのつみたて投資枠での買付設定をしてみましょう。ウェブサイトを利用して手続きします。金融機関によって操作は多少異なりますが、設定事項はほぼ同じです。**最初に商品を選び、毎月積み立てる金額と商品を買い付ける日を指定します。**多くの金融機関では毎月1度買い付けを行いますが、毎週・毎日積み立てができる金融機関もあります。次に、**お金の入金方法と分配金の受取方法を指定します。**

以上の設定を行って申し込み、指定した方法でお金を用意すれば、あとは設定した日に自動で商品の買い付けが実行されます。

分配金は「再投資」にしよう！

投資信託から支払われる分配金は、受け取るか再投資するかを選べます。**受け取る場合はそのまま現金として受け取り、再投資する場合は分配金で同じ投資信託を購入します。**投資信託の値上がり益をより多く受け取るには、元本は多いほうが有利です。したがって、**お金を効率的に増やしたいのであれば、分配金は再投資したほうが有利になります。**

分配金で購入できる口数は少ないですが、次にもらえる分配金は、この分配金で購入した分からもでます。つまり、分配金が分配金を呼ぶ複利効果が期待できるのです。

Memo

課税口座の場合、分配金にも20.315％の税金がかかります。しかし、つみたて投資枠で投資した場合は、分配金も非課税です。したがって、複利効果の面でも課税口座よりNISA口座のほうが有利になります。

投資信託の分配金のいろいろ

●そもそも分配金って何?

分配金

投資信託が投資家に還元するお金。

運用益から支払われる「普通分配金」と、元本を取り崩して支払われる「元本払戻金（特別分配金）」の2種類がある。

運用益から受け取る場合

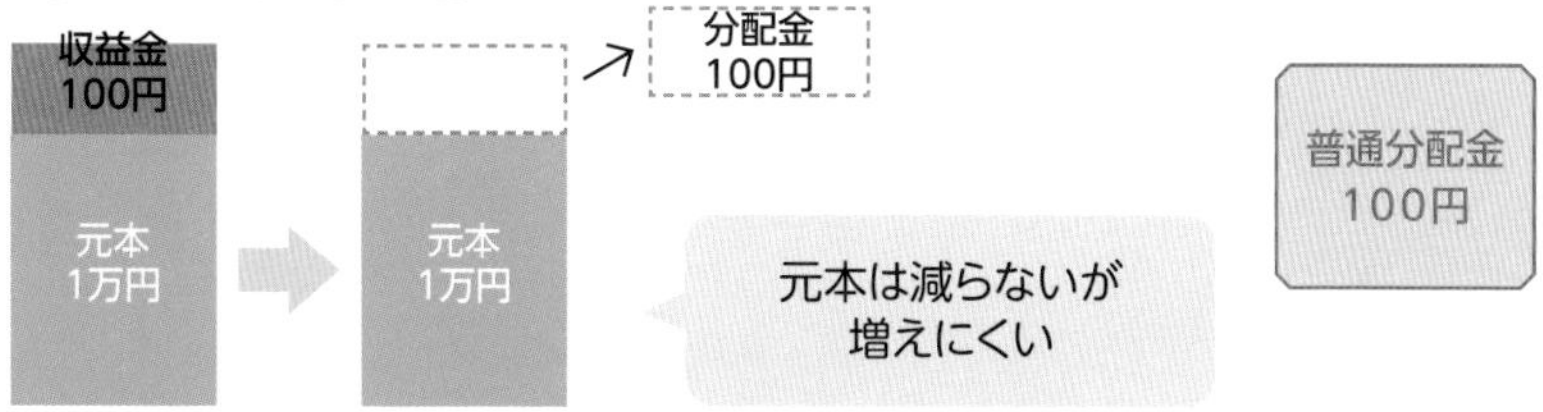

運用益と元本の取り崩しを合わせて受け取る場合

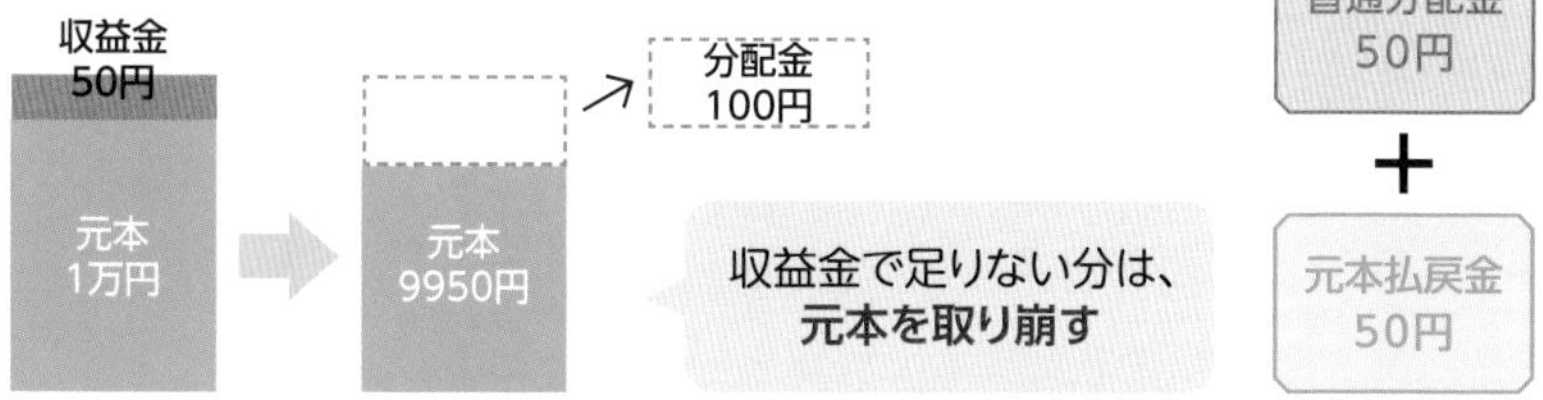

つまり、分配金のせいで元本が増えにくい…

●つみたて投資枠では分配金を再投資しよう

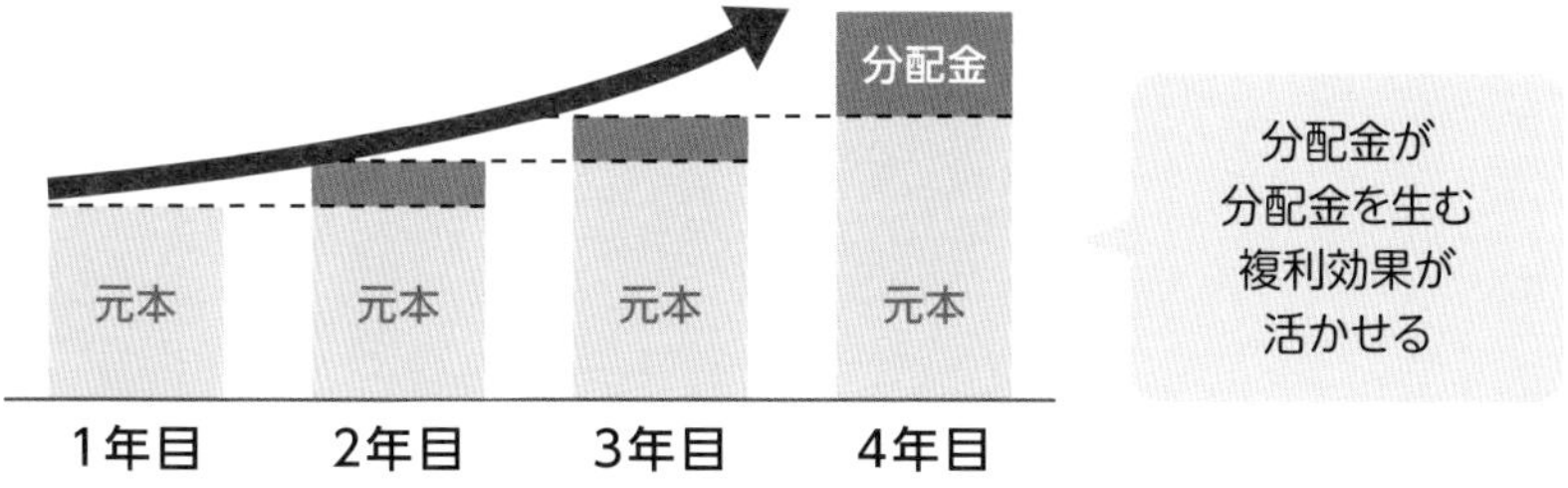

一見おトクそうな分配金ですが、多く支払われるほど実は元本が増えにくくて不利！ 分配金は再投資しましょう。

Topic 6

NISA編⑤

成長投資枠で個別株を購入してみよう！

銘柄・数量・注文方法・口座を指定

成長投資枠での個別株への投資も、スマホやパソコンでできます。こちらも、証券会社により多少異なりますが、基本はどこでも同じ。証券会社のアプリ・サイトで購入したい銘柄を選び、注文画面を表示。購入数量を入力します。

株の注文方法には、成行《なりゆき》注文と指値《さしね》注文があります。**確実に取引を成立（約定）させたい場合は成行注文、指定した株価で取引したい場合は指値注文を利用**します。

口座区分は「NISA」を選択。特定口座や一般口座を選ぶと、NISAでの取引にならず、得た利益に税金がかかります。

リアルタイムに取引できる時間は？

注文には有効期限を定めることができます。証券会社により異なりますが、当日から2週間程度先まで設定できます。

以上の入力が終わったら、内容の確認を行い、取引暗証番号を入力して「注文」を選択すれば、株の注文が完了します。

東証（東京証券取引所）の取引時間は平日の9時～11時30分・12時30分～15時。この時間内に行われた注文は、リアルタイムに約定します。なお、**注文は取引時間外に出すことも可能。次の取引時間内に処理されます。**また、注文の有効期限内に約定しなかった注文は失効します。

用語解説

証券コード：証券取引所に上場している銘柄に割り振られる数字4桁のコード。知っていれば、名称が長い銘柄も簡単に検索できる。なお、2024年1月以降に新たに上場する銘柄には、英文字の入った証券コードが割り振られる。

個別株への投資で知っておきたいこと

●成行注文と指値注文

成行注文《なりゆきちゅうもん》…価格を気にせず、今すぐ売買したいときに行う注文

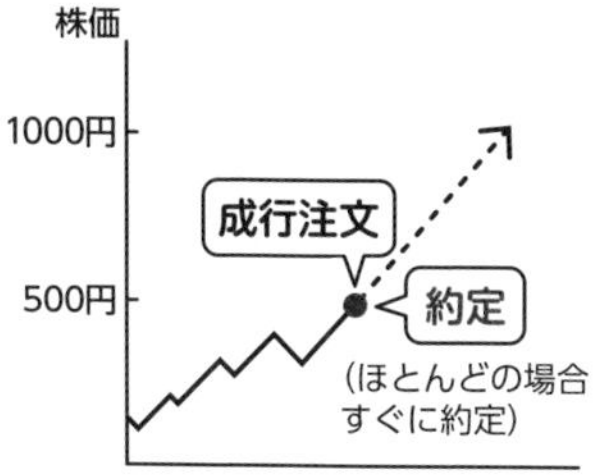

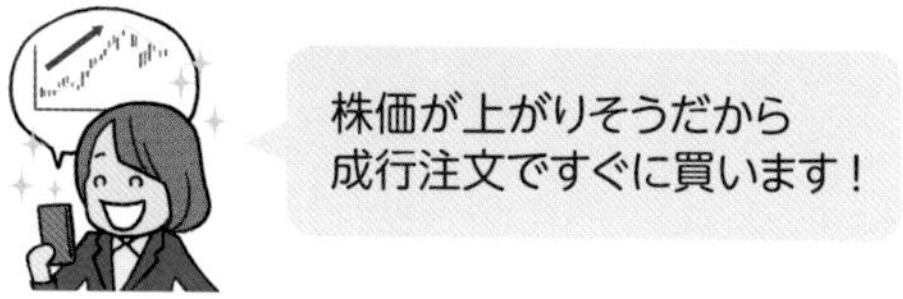

○メリット：ほぼ確実に売買できる
×デメリット：思ったより高く買う（安く売る）可能性がある

指値注文《さしねちゅうもん》…「いくらで買う（売る）」と、株価を指定する注文

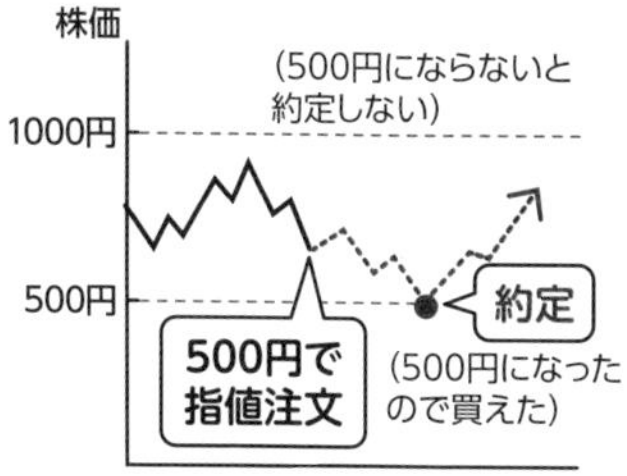

○メリット：希望の価格で売買できる
×デメリット：注文した株価にならないと売買できない

●東京証券取引所が開いている時間

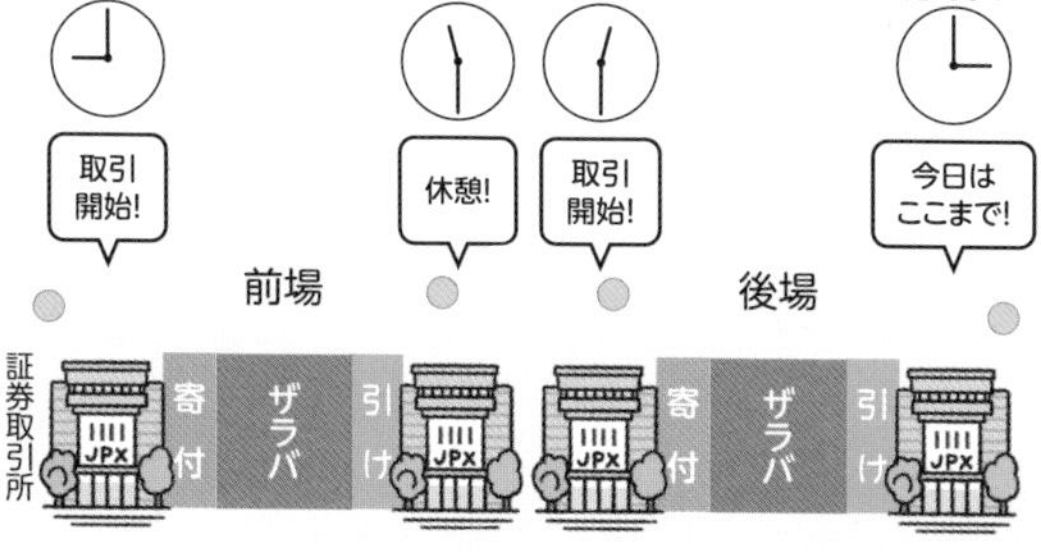

※2024年11月5日より15:30までに延長

Topic 7

iDeCo編①

iDeCoスタートまでの流れ

個人型年金加入申出書が必要

iDeCoを始めるには、金融機関（運営管理機関）に資料請求をし、口座を開設する必要があります。ちょっと面倒かもしれませんが、ここはがんばりどころです。

まず、金融機関のウェブサイトやコールセンターで資料請求をしましょう。**届く資料の中にある「個人型年金加入申出書」に記入し、本人確認書類等とともに返送します。**

返送後、国民年金基金連合会の加入審査で承認されると「個人型年金加入確認通知書」が届きます。自営業やフリーランスなど、第1号被保険者の人は、以上で手続き完了です。

なお、一部の金融機関では、加入手続きをオンラインで行うことができます。

追加の書類を提出する人もいる

会社員や公務員の場合は、個人型年金加入申出書を提出する際に、「事業所登録申請書 兼 第2号加入者に係る事業主の証明書」を同封する必要があります。この書類には、勤め先の会社の記入欄があるので、総務部や経理部などの主管部署に提出して記入をしてもらいましょう。

口座が開設できたら、運用する商品の配分指定を行い申し込みます。これで、あとは自分が決めたルールにしたがって投資が実行されます。

Memo

毎年の税金を安くするには、年末調整か確定申告が必要です。会社員や公務員の第2号被保険者であれば年末調整が楽ですが、確定申告でも手続きができます。

iDeCo口座開設までの流れ

1 金融機関に資料請求

金融機関のウェブサイトやコールセンターで問い合わせ。
国民年金の区分によって、書類が変わる。

2 必要書類を記入して返送

個人型年金加入申出書と本人確認書類は全員提出。
会社員・公務員は「事業所登録申請書 兼 第２号加入者に係る事業主の証明書 」も必要。

3 国民年金基金連合会の審査

提出した書類をもとに、
金融機関経由で国民年金基金連合会による審査が行われる。

4 口座開設完了

口座開設ができると、国民年金基金連合会から
個人型年金加入確認通知書などの書類が届く。
また、金融機関のIDやパスワードも届く。

5 商品を選択

商品の配分指定はウェブサイトでできるところが増えている。
配分指定書という書類で行う場合もある。

iDeCoの申し込みは新NISAよりも複雑です。申込書の記入が大変という声も聞かれます。P107に記入例を用意しましたので、参考にしてください。手続き完了までには1～2カ月はかかるので、早めに取り組みましょう。

Topic 8

iDeCo編②

iDeCoの金融機関選び

金融機関ごとの違いをチェック

iDeCoも1人1口座しか持つことができません。自分にあった金融機関を選ぶために、次の3点をチェックしましょう。

まずは事務手数料です。iDeCoでは、加入時に口座開設手数料、運用中に口座管理手数料がかかります。この中で重要なのは加入する金融機関に支払う「運営管理手数料」。運営管理手数料の金額は金融機関によって違い、無料のところもあれば、年5000円程度かかるところもあるのです。もちろん、**運営管理手数料が安い金融機関の方が有利です。**

次に、**商品のラインアップを確認**します。投資先の国や資産がバランスよく揃っていて、投資信託の保有コストが安い商品が多いところを選びましょう。

サポートが充実していると安心

そして、サービスの質も重要です。店頭で制度の説明から申し込みまで対応していること（または、ウェブサイト上でわかりやすく情報公開をしていること）に加え、平日夜や土日などでも窓口・電話などで相談ができるところがよいでしょう。

P95で紹介した**SBI証券、楽天証券、マネックス証券に加えて、イオン銀行、ろうきん（労働金庫）の5つは、iDeCoの金融機関としておすすめです。**

Memo

iDeCoの金融機関は、運用の途中で変更することも可能。しかし、変更の手続きは煩雑で、1～2カ月もの時間がかかります。しかも手続き中は運用ができません。ですから、最初からいい金融機関を選ぶのが大切です。

金融機関選びのポイント

①事務手数料が安いか

・iDeCoの手数料

	費用	支払先	金額（税込）
加入時	口座開設手数料	国民年金基金連合会	2,829円（1回だけ）
運用中	収納手数料	国民年金基金連合会	105円（拠出1回ごと）
	事務委託手数料	信託銀行など	毎月66円
	運営管理手数料	金融機関（運営管理機関）	月0円～数百円

金融機関によって異なる！

運営管理手数料だけは金融機関によって異なるよ。年間5,000円程度変わることもあるので、できるだけ無料のところ、安いところを選ぼう！

②商品のラインアップが豊富か

投資先の国や資産がバランスよく揃っているか
投資信託の保有コストが安い商品が多いか

詳しくは
第4章をチェック！

③サービスの質がいいか

・主な金融機関のサービス

金融機関名	運営管理手数料	コールセンター	特徴
SBI証券	無料	（平日・土日）8時～17時 （年末年始・祝日除く）	「DC Doctor」で 商品選びをサポート
楽天証券	無料	（平日）10時～19時 （土日祝）9時～17時 （年末年始除く）	ガイドブックが わかりやすい。 セミナーも充実
マネックス証券	無料	（平日）9時～20時 （土曜）9時～17時 （祝日除く）	iDeCoの 専門スタッフが 応対
イオン銀行	無料	（平日）9時～21時 （土日）9時～17時 （年末年始・祝日等除く）	365日 窓口相談可能
ろうきん （労働金庫）	月310円 （年3,720円）	（平日）9時～19時 （年末年始・祝日等除く）	対面で相談可。 セミナーも充実

（2023年10月31日時点）

Topic 9

iDeCo編③

申込書の書き方のポイント

個人型年金加入申出書に記入する

iDeCoに加入する方は全員、**個人型年金加入申出書を提出します**。この書類に必要な10桁の「基礎年金番号」は、年金手帳や郵送で届く基礎年金番号通知書、ねんきん定期便に記載されています。「被保険者の種別」は、自分の該当する区分をチェックします。また、「掛金の納付方法」は、給与からの天引きか個人払込かを選びましょう。

「掛金引落口座情報」では、2枚目の捺印欄に、口座の届出印を押すのを忘れないようにしましょう。毎月決まった掛金を引き落とす場合は「掛金額区分」で「掛金を下記の毎月定額で納付します」を選びます。

勤め先に証明書を書いてもらおう

会社員・公務員は「事業所登録申請書兼第2号加入者に係る事業主の証明書」の提出も必要です。この書類は、**会社に記入してもらう部分が主**です。**「申出者の情報」「掛金額区分」を自分で記入**したら、総務部や経理部などの主管部署に書いてもらいましょう。「掛金の納付方法」は、自分の口座から口座振替する場合は②を選択します。

申込書類を一通り書き終わったら、これらの書類を金融機関に返送します。金融機関でのチェック、国民年金基金連合会でのチェックで問題がなければ、iDeCoの口座開設が完了します。

用語解説

年単位拠出：iDeCoの掛金の額を月ごとに決める制度。年間の拠出回数を1～12回の間で選べるほか、毎月の掛金の額も増減できる。ただし、投資効率で考えると毎月一定額ずつのほうがドルコスト平均法や複利の恩恵が受けやすくなる。

申込書類の記載の仕方

個人型年金加入申出書

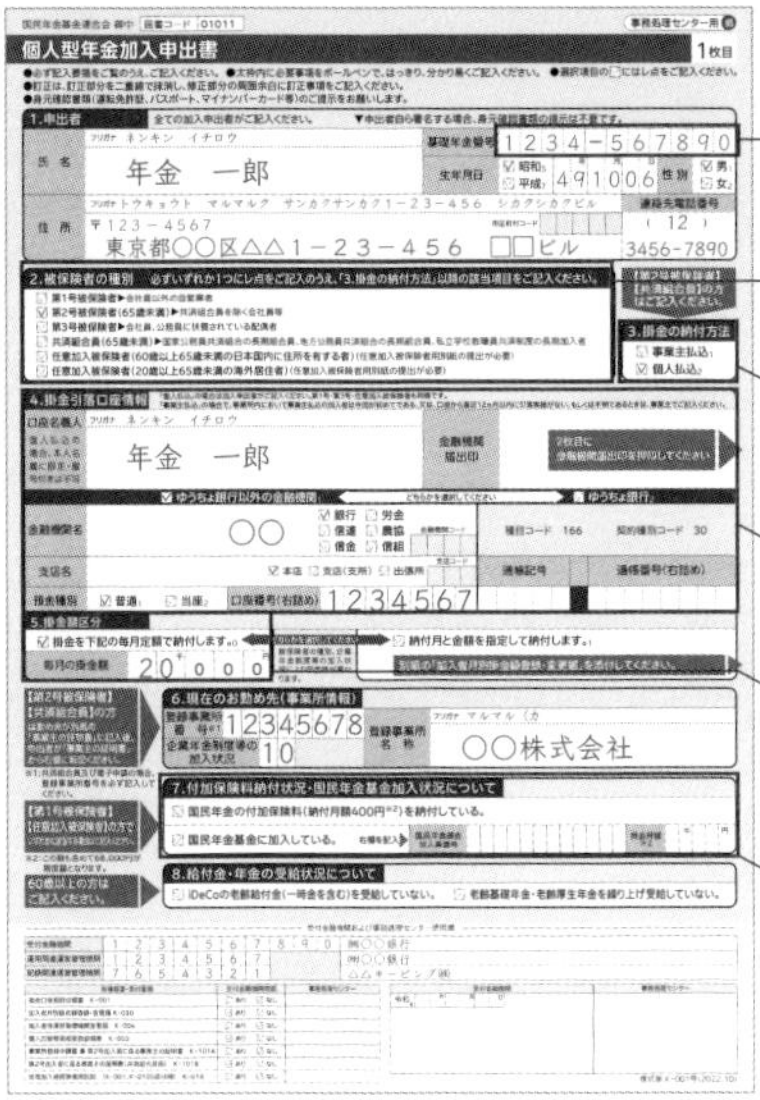
国民年金基金連合会 御中 届書コード 01011 事務処理センター用

個人型年金加入申出書

1枚目

●必ず記入要領をご覧のうえ、ご記入ください。 ●太枠内に必要事項をボールペンで、はっきり、分かり易くご記入ください。 ●選択項目の□にはレ点をご記入ください。
●訂正は、訂正部分を二重線で抹消し、修正部分の周囲余白に訂正事項をご記入ください。
●身元確認書類（運転免許証、パスポート、マイナンバーカード等）のご提示をお願いします。

1.申出者 全ての加入申出者がご記入ください。 ▼申出者自ら署名する場合、身元確認書類の提示は不要です。

氏名 フリガナ ネンキン イチロウ 年金 一郎
基礎年金番号 1234－567890
生年月日 ☑昭和 □平成 491006 性別 ☑男 □女
住所 フリガナ トウキョウト マルマルク サンカクサンカク1－23－456 シカクシカクビル
〒123－4567 東京都〇〇区△△1－23－456 □□ビル
連絡先電話番号 （12） 3456-7890

2.被保険者の種別 必ずいずれか1つにレ点をご記入のうえ、「3.掛金の納付方法」以降の該当項目をご記入ください。
□ 第1号被保険者▶会社員以外の自営業者
☑ 第2号被保険者(65歳未満)▶共済組合員を除く会社員等
□ 第3号被保険者▶会社員、公務員に扶養されている配偶者
□ 共済組合員(65歳未満)
□ 任意加入被保険者(60歳以上65歳未満の日本国内に住所を有する者)
□ 任意加入被保険者(20歳以上65歳未満の海外居住者)

3.掛金の納付方法
□ 事業主払込
☑ 個人払込

4.掛金引落口座情報
口座名義人 フリガナ ネンキン イチロウ 年金 一郎
金融機関届出印 2枚目に金融機関届出印を押印してください
☑ ゆうちょ銀行以外の金融機関 どちらかを選択してください □ ゆうちょ銀行
金融機関名 〇〇 ☑銀行 □労金 □信連 □農協 □信金 □信組
種目コード 166 契約種別コード 30
支店名 ☑本店 □支店（支所） □出張所
通帳記号 通帳番号（右詰め）
預金種別 ☑普通 □当座 口座番号（右詰め） 1234567

5.掛金額区分
☑ 掛金を下記の毎月定額で納付します。 □ 納付月と金額を指定して納付します。
毎月の掛金額 20000円
別紙の「加入者月別掛金額登録・変更届」を添付してください。

【第2号被保険者】【共済組合員】の方
6.現在のお勤め先（事業所情報）
登録事業所番号 12345678
企業年金制度等の加入状況 10
登録事業所名称 フリガナ マルマル（カ 〇〇株式会社

7.付加保険料納付状況・国民年金基金加入状況について
□ 国民年金の付加保険料（納付月額400円）を納付している。
□ 国民年金基金に加入している。

60歳以上の方はご記入ください。
8.給付金・年金の受給状況について
□ iDeCoの老齢給付金（一時金を含む）を受給していない。 □ 老齢基礎年金・老齢厚生年金を繰り上げ受給していない。

受付金融機関 1234567890 (株)〇〇銀行
運用関連運営管理機関 1234567 (株)〇〇銀行
記録関連運営管理機関 7654321 △△キーピング(株)

全員提出

基礎年金番号は年金手帳や「ねんきん定期便」などを見て記載

自分がどの区分かを考えてチェックを入れる

掛金を口座振替にするか給与天引きにするか選ぶ

掛金を引き落とす口座の情報を記入。2枚目の捺印を忘れずに

毎月の掛金の金額を記載。年単位拠出の場合は「加入者月別掛金額登録・変更届」も提出する必要がある

現在の勤め先を記入。登録事業者番号は会社で書いてもらった「事業主の証明書」から転記する

事業所登録申請書 兼
第2号加入者に係る事業主の証明書

国民年金基金連合会 御中 届書コード 13062 記入例① 事務処理センター用

事業所登録申請書 兼 第2号加入者に係る事業主の証明書

●必ず記入要領をご覧のうえ、ご記入ください。
●毎月の掛金額には上限があります。詳しくは記入要領でご確認ください。
●訂正は、訂正部分を二重線で抹消し、修正部分の周囲余白に訂正事項をご記入ください。
●お勤め先への照会等により、事業主の記入欄を無断で作成・改変したと認められた場合、
●太枠内に必要事項をボールペンで、はっきり、分かり易くご記入ください。
●選択項目の□にはレ点をご記入ください。

申出者

1.申出者の情報
証明を受ける申出者氏名 年金 一郎
基礎年金番号 1234－567890
希望する掛金の納付方法 ☑ 事業主払込 □ 個人払込

2.掛金額区分
☑ 掛金を下記の毎月定額で納付します。 □ 納付月と金額を指定して納付します。
毎月の掛金額 20000円
別紙の「加入者月別掛金額登録・変更届」を添付してください。

3.企業型確定拠出年金の加入状況 企業型確定拠出年金に加入している方は以下の項目について確認のうえ、□にレ点をご記入ください。
☑ 企業型確定拠出年金の加入者向けWEBページの基礎年金番号、性別、生年月日が、年金手帳または基礎年金番号通知書の内容と一致しています。
☑ 個人型年金と企業型確定拠出年金を合計した掛金額が拠出限度額を超過した場合、個人型年金の掛金額が自動減額されることを確認しました。

事業主

4.事業主の署名等
郵便番号 123-4567 電話番号 12－3456－7890
事業所名称（カナ） マルマル（カ
申出者について、個人型年金の加入資格があることを証明し、「事業所登録」がない場合、この証明書の内容で登録を申請します。
証明日 令和 1年 12月 12日
住所 東京都〇〇区△△1－23－456 □□ビル
事業所名称 〇〇株式会社
事業主名称（代表者職名 氏名） 代表取締役 年金 太郎
※個人事業主の方の場合、事業主の住所および氏名を記入。

5.企業年金制度等の加入状況
番号 10 別添のフローチャートを実施し、該当番号を左欄にご記入ください。
☑ 申出者はマッチング拠出を選択していません。
☑ 事業所の事業主掛金は年単位拠出ではありません。

6.申出者を使用している厚生年金適用事業所の住所・名称等
郵便番号 電話番号
事業所名称（カナ）
住所
事業所名称

7.連合会への「事業所登録」の有無等（複数回答可）
□「事業主払込」で登録済
□「個人払込」で登録済
☑ いずれの登録もない □ わからない

8.掛金の納付方法 必ずいずれかを選択してください
☑ ❶申出者が希望しているため、「事業主払込」とする。
□ ❷申出者が希望しているため、「個人払込」とする。
□ ❸申出者は「事業主払込」を希望しているが、「個人払込」とする。
□ ❹申出者は「個人払込」を希望しているが、「事業主払込」とする。

左で❸を選択した場合のみご記入ください。
「事業主払込」が困難な理由を選択してください。
□ ①「事業主払込」を行う体制が整っていないため。
□ ②その他（ ）

9.資格取得年月日
□昭和 ☑平成 □令和 09 04 01

運用関連運営管理機関 (株)〇〇銀行
記録関連運営管理機関 △△キーピング(株)

事業主払込を希望するケース

会社員・公務員提出

個人型年金加入申出書と同様に記載する

青枠内の箇所は会社に書いてもらう

書類に不備があると再提出になって、スタートが遅れる原因になります。記入漏れや押印漏れがないかをよく確認してから提出しましょう。

Topic 10

iDeCo編④

商品の配分指定をしよう

どの商品をどれだけ買うかを指定

iDeCoの口座開設が完了したら、次にするのは配分指定。**配分指定とは、拠出した掛金をどの商品で運用するかを決めること**です。商品選びのポイントなどについては、第4章で改めて扱いますので、ここでは先に手続きのしかたを紹介します。

配分指定は、パソコンなどを使ってウェブサイトでできる金融機関が多くなっています。iDeCoの申込書と一緒に「配分指定書」の用紙を提出する金融機関もあります。ウェブサイトではログイン後、用意されている商品一覧の中から購入したい商品を選び、掛金の割合を記載します。

配分指定しないとどうなる?

商品の配分割合は1%単位で指定できます。**同じ金融機関内の商品なら、いくつ選んでもOK。ただし、最終的に100%になるように記入(または入力)しましょう。**たとえば、A・B・Cの3つの投資信託を購入する場合、A50%、B20%、C30%などとすれば、最終的に100%となります。

商品の配分割合を指定しないと、指定運用方法での運用が自動的にスタートしてしまいます。第4章を参考に、どんな商品で運用するのか、よく考えて配分指定をしましょう。

用語解説

指定運用方法:掛金の配分がない場合に自動的に購入される商品。金融機関によって指定運用方法は異なる。元本確保型の定期預金やターゲットイヤー型の投資信託などを購入する金融機関が多くなっている。

配分指定書の記載の仕方

必ず配分指定をしよう！

ウェブサイトで指定、または「配分指定書」の用紙を提出

SBI証券の配分指定画面の例

No.	商品タイプ	運用商品名（略称）	現在の配分割合 割合（%）	現在の配分割合 金額（円）	現在の配分割合 端数	指定後の配分割合 割合（%）	指定後の配分割合 金額（円）	指定後の配分割合 端数
1	国内株式	<購入・換金手数料なし>ニッセイ日経平均インデックスファンド（ニッセイ日経平均インデックスファンド）	0	0		0		◉
2	国内株式	eMAXIS Slim 国内株式（TOPIX）（eMAXIS Slim 国内株式（TOPIX））	0	0		0		○
7	内外株式	SBI・全世界株式インデックス・ファンド（SBI・全世界株式インデックス・ファンド）	30	6,900		0		○
8	海外株式	eMAXIS Slim 全世界株式（除く日本）（eMAXIS Slim 全世界株式（除く日本））	0	0		0		○
7	内外株式	SBI・全世界株式インデックス・ファンド（SBI・全世界株式インデックス・ファンド）	30	6,900		0		○
8	海外株式	eMAXIS Slim 全世界株式（除く日本）（eMAXIS Slim 全世界株式（除く日本））	0	0		0		○
9	内外株式	EXE－i グローバル中小型株式ファンド（EXE－i グローバル中小型株式ファンド）	0	0		0		○
22	国内債券	eMAXIS Slim 国内債券インデックス（eMAXIS Slim 国内債券インデックス）	0	0		0		○
23	海外債券	eMAXIS Slim 先進国債券インデックス（eMAXIS Slim 先進国債券インデックス）	10	2,300		0		○
24	海外債券	インデックスファンド海外債券ヘッジあり（DC専用）（インデックスファンド海外債券ヘッジあり（DC専用））	0	0		0		○
27	国内不動産投信	<購入・換金手数料なし>ニッセイJリートインデックスファンド（ニッセイJリートインデックスファンド）	10	2,300		0		○
28	海外不動産投信	三井住友・DC外国リートインデックスファンド（三井住友・DC外国リートインデックスファンド）	10	2,300		0		○
33	国内その他資産	三菱UFJ純金ファンド（愛称：ファインゴールド）（三菱UFJ純金ファンド）	10	2,300		0		○
34	内外資産複合	セレブライフ・ストーリー2025（セレブライフ・ストーリー2025）	0	0		0		○
36	内外資産複合	セレブライフ・ストーリー2045（セレブライフ・ストーリー2045）	0	0		0		○
37	内外資産複合	セレブライフ・ストーリー2055（セレブライフ・ストーリー2055）	0	0		0		○
38	元本確保	あおぞらDC定期（1年）（あおぞらDC定期（1年））	0	0		0		○
合計			100	23,000		0		

確認

一覧から買いたい商品を選び、「指定後の配分割合」の欄に購入の割合を記載する

商品はいくつ選んでもいいが、合計が100％になるように記載する
（例）
・商品A　50％
・商品B　20％
・商品C　30％

合計が100％になっているか確認

問題なければ「確認」を選択。続く画面で「実行」を選択すれば配分指定が完了する

SBIベネフィット・システムズの画面をもとに作成
※サイトにより表示は異なります

商品を購入するときは、配分指定を行います。配分指定をしないと金融機関の指定運用方法で運用がスタートするので、忘れずに指定しましょう。

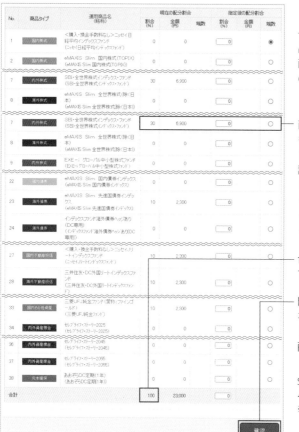

Topic 11

iDeCo編⑤

税金を安くする手続きを忘れずに

必要な書類は大切に保管

iDeCo最大のメリットは、掛金を全額所得控除して節税できることです。会社から給与天引きで掛金を支払っている人は、特に手続きなく節税をすることができます。しかし、**口座振替の人は年に1度、年末調整か確定申告の手続きが必要**です。

毎年10月ごろになると、国民年金基金連合会から「小規模企業共済掛金控除証明書」が届きます。10月〜12月にはじめて掛金の引き落としがあった場合は翌年の1月ごろに届きます。年末調整や確定申告にはこの書類が必要になりますので、なくさないようしっかりと保管しておきましょう。

年末調整・確定申告で提出しよう

国民年金の第1号被保険者と第3号被保険者は、**確定申告のときに小規模企業共済掛金控除証明書を一緒に提出します。**確定申告の申告書にも掛金の記入欄があるので、忘れずに記入しましょう。

会社員や公務員などの第2号被保険者は、年末調整のときに小規模企業共済掛金控除証明書を提出します。こちらも、提出書類に掛金の記入欄があるので、記入しましょう。確定申告にて提出しても構いません。**確定申告や年末調整をすることによって、所得税の節税分が還付されます。**また、翌年の住民税が安くなります。

Memo

年末調整や確定申告によって還付されたお金は、無駄遣いしないように気をつけましょう。貯蓄する、別の投資に回すなど、きちんとルールを決めることが大切です。

年末調整・確定申告で節税しよう

●会社員・公務員…年末調整（確定申告でもOK）

給与所得者の保険料控除申告書

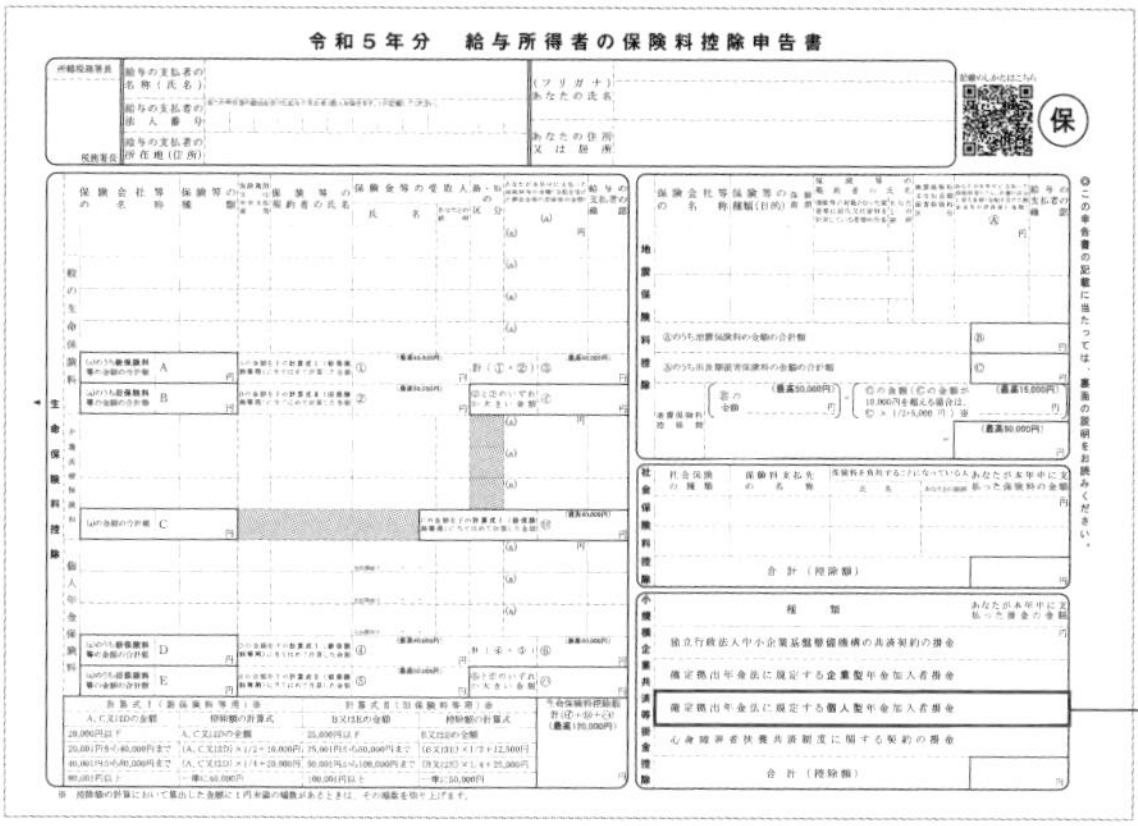

「確定拠出年金法に規定する個人型年金加入者掛金」の欄に1年間のiDeCoの掛金額の合計を記入する

●自営業者などの場合…確定申告

確定申告書第二表

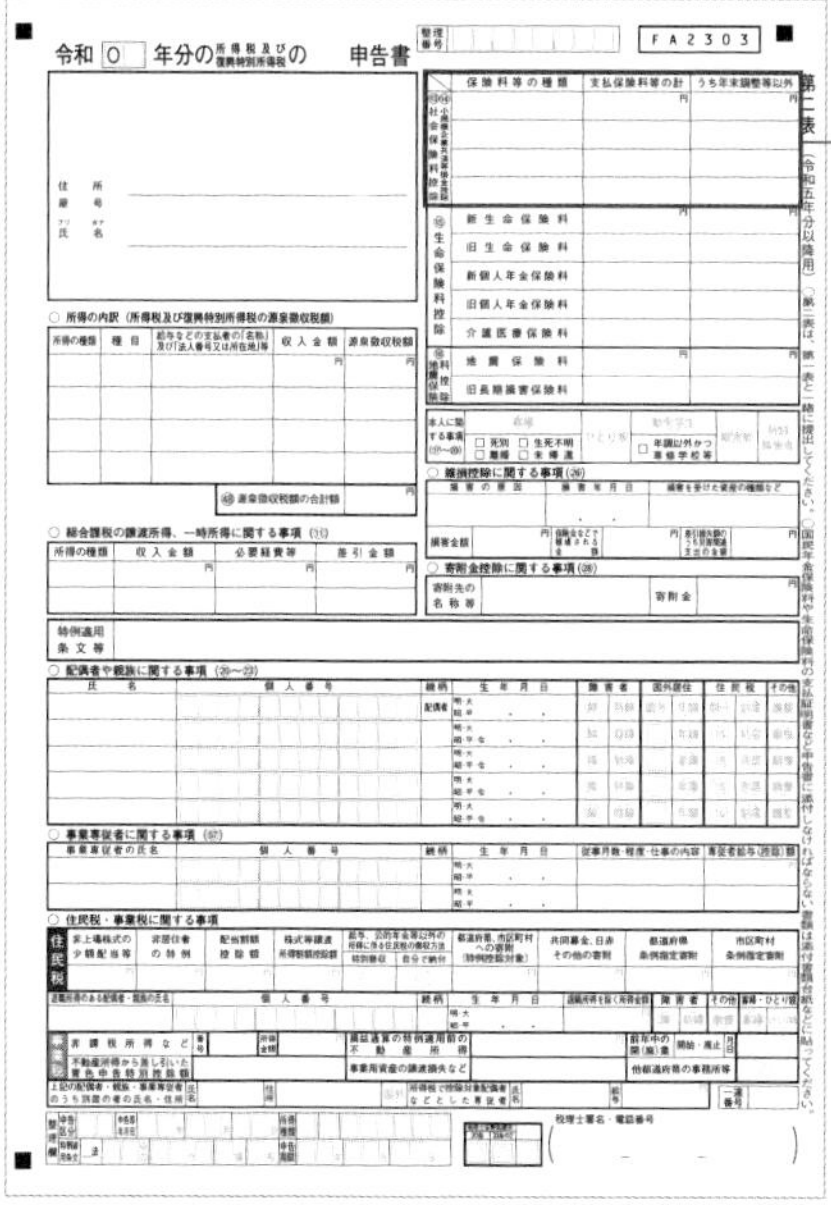

毎年10月ごろ（10月〜12月に初回の引き落としがあった場合は翌年1月ごろ）に届く「小規模企業共済掛金控除証明書」に記載されているiDeCoの掛金額の合計を記入します。

年末調整・確定申告の書類と一緒に小規模企業共済掛金控除証明書も提出する

「小規模企業共済等掛金控除」の欄に1年間のiDeCoの掛金額の合計を記入する

☑ iDeCoで住民税が減ったかはどこで確認する？

iDeCoの掛金は全額が「小規模企業共済等掛金控除」の対象。年末調整や確定申告で手続きすると、所得税が還付され、翌年の住民税が安くなることを紹介しました。所得税は還付されるのでわかりやすいですが、住民税が減ったことはなかなかわかりにくいですね。

会社員や公務員が、年末調整でiDeCoの掛金を申告した場合には、年末に勤め先からもらう「源泉徴収票」を見てみましょう。「社会保険料等の金額」の欄内上側に書いてある金額が、1年間に拠出したiDeCoの掛金額になっていれば、正しく年末調整ができているとわかります。

また、翌年6月ごろに手元に届く「住民税決定通知書」の所得控除欄にある「小規模企業共済」の欄に、源泉徴収票に記載された金額（確定申告した場合には、確定申告で申請した小規模企業共済等掛金控除の金額）と同じ額が記載されているかをチェックしましょう。きちんと記載されていれば、所得からこの金額が差し引かれて税金が計算されるため、住民税が減ります。

もしも、年末調整・確定申告した金額とこれらの書式の金額が違う、そもそも金額が記載されていない……という場合は、勤め先の経理部などの所管部署、あるいは税務署などに確認してみましょう。

源泉徴収票・住民税決定通知書のチェックポイント

●源泉徴収票

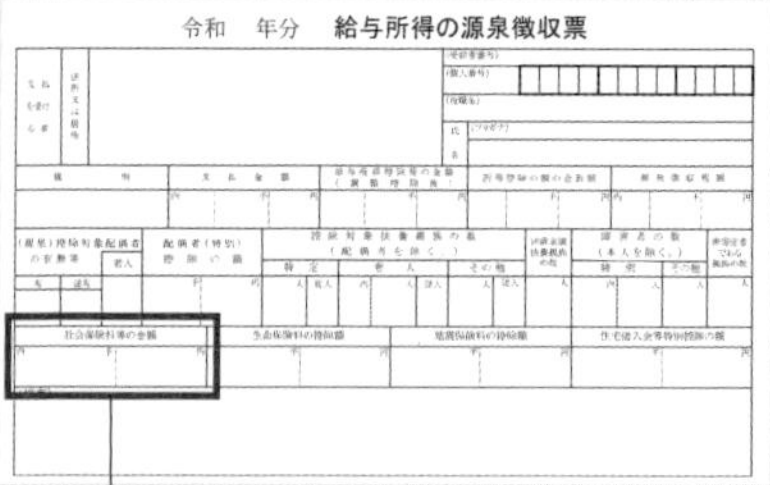

「社会保険料等の金額」の
欄内上側の金額をチェック

●住民税決定通知書

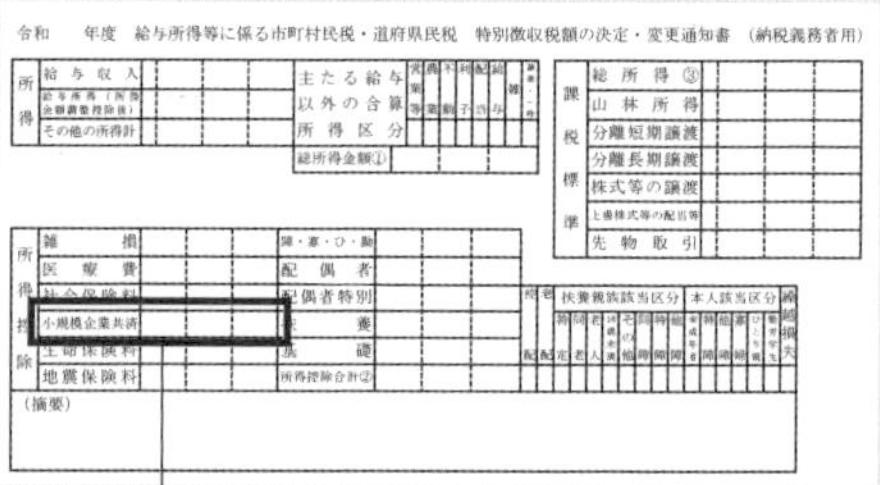

「小規模企業共済」の
金額をチェック

第4章

必ず見つかる！自分にあった商品の見つけ方

NISAもiDeCoも投資できる商品がたくさんあります。
どれを選べばよいのか悩む人も多いのではないでしょうか。
本章では、投資対象ごとに
それぞれの特徴やリスクを解説していますので、
自分が気になるものを見つけてみましょう。

無理しない投資から始める

えーと この間は
諒太さんが へこんで いましたよ…
って 聞きましたけど… 今日は皆さん 元気なさげですね…
どうし ました?
NISA
そーなんですよ
三人とも無事に 口座開設はできて お金も入金 したんですけど…
どっさり…
商品
扱っている商品数が多い 金融機関を選んだ結果 何を買えばいいか 迷ってしまって…
結局商品数が多すぎて どれに投資したら いいのかわからないん ですよね…
商品
債券とか REIT(リート)とか 聞いたことない商品も いっぱいあるし…
エリートなら 知ってるけど…
あ オレのことか
オイ
なるほど なるほど

そんなときは まずは自分が 何のために いつまでに いくら貯めたいかを 明確にすると いいですよ
パリに行きたい
来年まで50万円…
はーそうなんだ
じゃあ 私は 65歳までに 2000万円 ですかね…
おおっ 大きく出たな！
では それにふさわしい 商品がどれかを 考えていきましょう 119ページの 図を使って必要な金額を 把握するのがおすすめです
見てね
俺は あんまり 具体的な目標って ないんですよね
お金は あればあるほど よいです！
キリッ
その場合は 自分は何が欲しい？ とか 何がしたい？ という視点で 考えればいいですよ
んー 欲しいものは いっぱい ありますね
カメラでしょ 時計に 80型テレビに 人望かな
売ってないから

NISAやiDeCoの投資は長期間になるのでモチベーションをキープするためにも目標を作るのが大切です！
ダイエットとかと一緒ですね！
大事！
あと　自分がどれくらいまで損に耐えられるか（リスクを受け入れられるか）を把握しておきましょう
金融商品はたくさんありますがそれぞれリスクが異なります
ハイリスクな商品はハイリターンですしローリスクな商品はローリターンです
グラ
グラ
多い！
スタ
スタ
少ない！
銀行の定期預金とかはローリスク・ローリターンってことですね
利率
0.001
…とか…
そうですね
減らないですがたいして増えもしません
先生！
俺は儲かるほうがいいです！
通帳

ハイリスクな商品はその分
リスクも高いので
余裕資産があまりない
諒太さんには
おすすめできませんね…
損失が出た場合に
他でカバーできる
余力がないので…
わあああ！
大損してるの
目に見えるよ…
ううむ…
あきらめ
なさい…
投資金額は多いほうがいいし
運用利回りも高くしたほうが
いいのはわかるんですけど
難しいですよね…
確かにそのほうが
目標金額は
達成しやすくなります
バサバサ
高利回り
錬金術師に
なりたい…
ですが
自分にできない
投資の試算をしても
意味がないし
続きません
現実的な投資金額から
投資先の商品を
導き出しましょう！
はい！
現実を
見ます…

Topic 1

投資の目標を立てよう

何のためのお金を貯める？

目標はできるだけ具体的に

積立投資の投資期間は数十年に及ぶこともざらです。モチベーションを維持するためにも、はっきりとした目標を立てておきましょう。

「住宅資金」「教育資金」「老後資金」でもいいですし、「○○が欲しい」「旅行に行きたい」などでも結構です。**目標を具体的にして、それに必要な目標金額、達成するための投資期間を明確にするのが重要です。**

目標金額と投資期間が決まったら、どのくらいの投資金額・運用利回りがあれば達成できるのかを計算します。計算には、左に掲載した速算表を利用するのが便利です。

投資金額・運用利回りを算出する

目標金額が「20年で1000万円貯める」の場合、仮に20年で運用利回りが3％だったら、月々の投資金額は、目標金額を表の「20年」と「3％」の交点の数字（328・30）で割った金額（税金は考慮せず）になります。つまり、1000万円÷328・30＝約3万5000円です。

掛金を多く、期間を長く、運用利回りを高くするほど、目標金額は達成しやすくなります。しかし、自分にできない投資の試算をしても意味がありません。**無理なくお金を貯めるためにも、現実的な投資金額を探りましょう。**

Memo

お金を「できるだけ増やしたい」という方もよくいます。確かに、増えるのはいいことですが、これだと無理な投資をしてしまう可能性も。投資にあたっては、無理のない目標を立てたほうが堅実に増やせるでしょう。

掛け金・期間・運用利回りから資産総額がわかる！

		運用利回り				
		1％	2％	3％	4％	5％
期間	5年	61.50	63.05	64.65	66.30	68.01
	10年	126.15	132.72	139.74	147.25	155.28
	15年	194.11	209.71	226.97	246.09	267.29
	20年	265.56	294.80	328.30	366.77	411.03
	25年	340.67	388.82	446.01	514.13	595.51
	30年	419.63	492.73	582.74	694.05	832.26
	35年	502.63	607.55	741.56	913.73	1,136.09
	40年	589.89	734.44	926.06	1,181.96	1,526.02

		運用利回り				
		6％	7％	8％	9％	10％
期間	5年	69.77	71.59	73.48	75.42	77.44
	10年	163.88	173.08	182.95	193.51	204.84
	15年	290.82	316.96	346.04	378.41	414.47
	20年	462.04	520.93	589.02	667.89	759.37
	25年	692.99	810.07	951.03	1,121.12	1,326.83
	30年	1,004.52	1,219.97	1,490.36	1,830.74	2,260.49
	35年	1,424.71	1,801.05	2,293.88	2,941.78	3,796.64
	40年	1,991.49	2,624.81	3,491.01	4,681.32	6,324.08

上記の表を使うと…

❶運用の結果、資産総額がいくらになるかがわかる

例）月2万円で10年間、年利5％で運用できた場合の資産総額

2万円×155.28＝310万5,600円

❷目標金額達成に必要な投資金額がわかる

例）年利3％のとき、20年間で1,000万円貯めるために必要な月々の投資金額

1,000万円÷328.30＝約3万500円

Topic 2

どのくらいの損失なら受け入れられる?

自分のリスク許容度を見極めよう

リスクは「危ない」ことではない

投資をする前に必ず確認しておくべきなのが、自分が抱えられるリスクがどのくらいなのか、という「リスク許容度」です。**リスク許容度は、収入・資産・年齢・投資経験などによって変わります。**もし、資産が200万円の人が100万円投資するといったら、相当な負担になるでしょう。しかし、資産を2000万円持っている人が100万円を投資するのは、それほど無理なくできそうです。このとき、資産200万円の人のリスク許容度は低く、資産2000万円の人のリスク許容度は高いといえます。

同様に、一般的には「収入・資産が少ない」「年齢が高い」「投資経験が少ない」ほど**リスク許容度は低い**とされます。

金融商品のリスクはそれぞれ違う

NISAやiDeCoの主な投資先となる投資信託は、株式・債券・不動産など、さまざまな金融商品に投資しています。これらの金融商品も、一つひとつ異なるリスクを持っています。

「できるだけ儲けたいから」と、**リスクの高い投資信託ばかり買うと、リスクが大きくなりすぎてしまいます。**そこでぜひ取り入れたいのが「ポートフォリオ」の考え方。くわしくは、160ページで紹介します。

Memo

投資で得られるリターンのブレ幅は、統計学の標準偏差を利用して算出されます。たとえば、ある商品の平均リターンが5%、リスクが±10%だった場合、その商品のリターンは−5%〜+15%の間で変動すると考えます。

リスク許容度は人によって異なる

●リスク許容度のイメージ

リスク許容度 「自分が損にどのくらい耐えられるか」を示した度合い

低（安全性重視の資産配分）	← リスク許容度 →	高（収益性重視の資産配分）
少ない	収入	多い
少ない	資産	多い
高い	年齢	低い
ない	投資経験	ある
慎重	リスクに関する考え方	積極的

●投資信託のリスクとリターンの関係

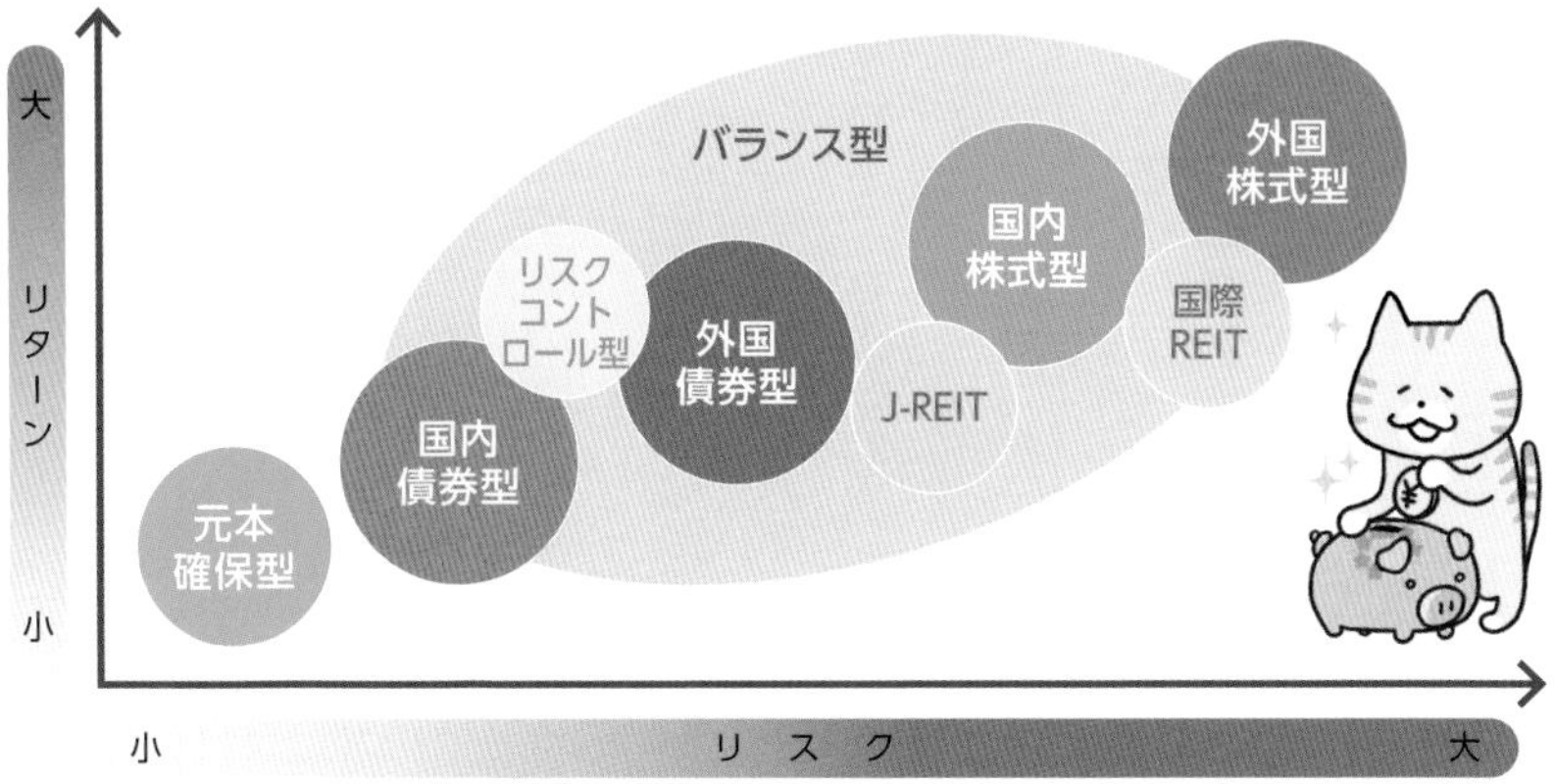

投資信託を見るポイントは2つ！

POINT.1
何に投資しているか
⇒株式？債券？不動産？

POINT.2
どこに投資しているか
⇒国内？先進国？新興国？

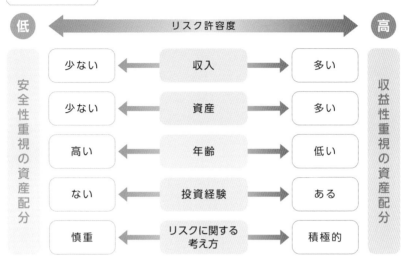

Topic 3

資産を減らしたくないときの商品

定期預金・保険で元本を守る

普通の定期預金・保険よりはトク

　ｉＤｅＣｏでは、**定期預金や保険で運用することもできます。定期預金や保険は、元本確保型の商品**です。

　定期預金は、普通の銀行などの定期預金と同じく、1年・3年・5年などの期間お金を預けるものです。満期になると利息が元本に加えられて自動継続されます。

　保険は、保障より貯蓄性を重視した商品です。定期預金同様、お金を積み立てると一定の利息がつき、満期には元本が戻ってきます。

　ｉＤｅＣｏなら、掛金の所得控除が受けられ、利息の税金が非課税にできます。そのため、**普通の定期預金や保険よりは、おトク**だといえます。

元本確保型は減らないけれど……

　しかし、今は金利が非常に低いため、元本確保型ではお金がほとんど増えません。それどころか、**ｉＤｅＣｏの手数料の分だけお金が減ってしまう**ことも考えられます。

　また、定期預金や保険では、物価が上昇するインフレには対応できません。**物価の上昇率より金利の上昇率が少なければ、定期預金や保険は目減りしてしまう**のです。

　これから長期にわたってお金を増やすことを考えると、元本確保型の商品は本当に安全だとはいえないのです。

用語解説

インフレリスク：物価が上昇するインフレによって、金融商品の価値が目減りしてしまうリスクのこと。一般的に現金や固定金利の定期預金、債券などがインフレリスクで価値が目減りする商品だといわれている。

iDeCoで利用できる定期預金と保険

●「定期預金」と「保険」なら元本保証あり

	定期預金	有期利率保証型 積立生命保険	積立障害保険
提供会社	銀行	生命保険会社	損害保険会社
利率 （表内の相対的なもの）	低	高	中
中途解約のペナルティ	利息の減額 元本割れなし	解約控除が積み上げた利息を上回れば、元本割れ	解約控除が積み上げた利息を上回れば、元本割れ

中途解約しても定期預金は元本割れしません。保険は解約控除（解約時のペナルティ）によって、元本割れする可能性があります。

●インフレには対応できないというリスクも！

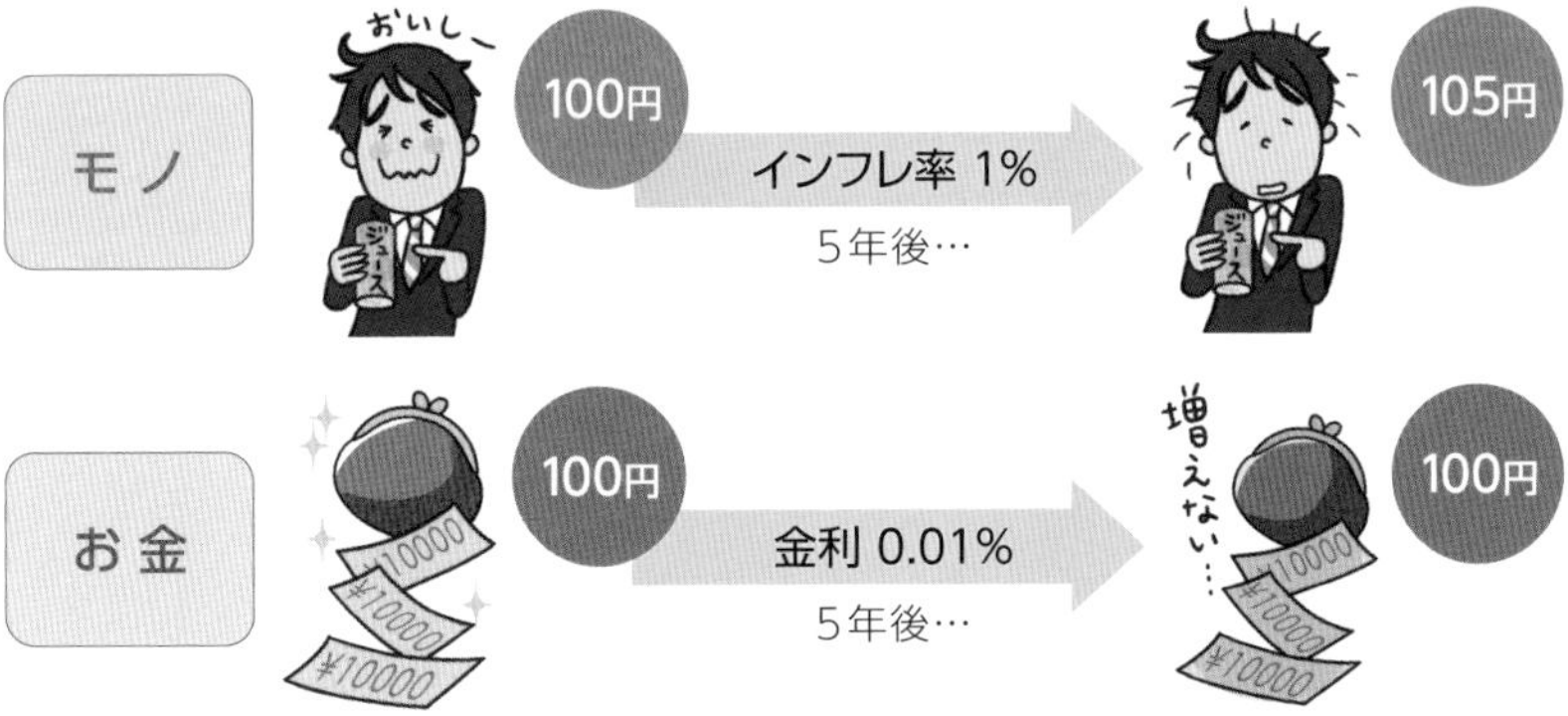

※手数料・税金は考慮えずに、複利で計算した場合

インフレで物価が上がると、お金の価値が相対的に減ってしまうよ！

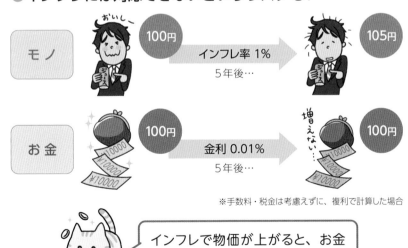

Topic 4

会社の成長の力を借りて増やせる！

投資信託「株式型ファンド」

一番身近な国内株式型

　投資信託は「何に」「どこに」投資しているかで分類するとわかりやすくなります。株に投資できる投資信託が株式型ファンドです。特に、**日本の株式市場に上場する株のみ組み入れる投資信託を国内株式型といいます。**何より、自分の国ですから安心感がありますし、名前を知っている会社も多いでしょう。**投資信託の手数料も他の国に投資する商品に比べて安い傾向があります。**

　国内株式型の投資信託がよく参考にする指数に「日経平均株価」と「ＴＯＰＩＸ（東証株価指数）」があります。どちらもニュースなどでチェックしてみましょう！

世界の株にも投資できる

　アメリカや欧州などの先進国に投資する商品が先進国株式型です。一方、中国、インド、ブラジルなどの新興国に投資する商品が新興国株式型です。さらに、先進国にも新興国にも投資する全世界株式型という商品もあります。一般に、**国内より先進国、先進国より新興国の方がリスクは高め。新興国は上昇の勢いも下落の勢いも大きくなります。**また、外国に投資する場合、為替レートの変動によっても損益が変わります。なお、為替ヘッジありの商品を選ぶと、為替レートの影響を抑えることができますが、その分コストがかかります。

用語解説

為替ヘッジ：為替の変動による損失を避ける取引のこと。先物取引や信用取引などの手法を使って、将来の通貨交換の為替レートを先に決めておく手法。為替変動リスクは減らせるが、その分コスト（ヘッジコスト）がかかる。

株式型ファンドの基本知識をおさえる

●日経平均株価とTOPIXの違い

	日経平均株価	TOPIX
提供会社	日本経済新聞社	東京証券取引所
銘柄数	225	約2200
算出方法	225銘柄の株価を平均して算出	採用銘柄株の時価総額を元にして算出
採用銘柄	日本経済新聞社が会社の規模や業種、株の取引量などを元に決める	東京証券取引所に上場している銘柄
特徴	株価の高い銘柄の値動きが大きく影響を与える 1年に1回銘柄の入れ替えがある	時価総額の高い銘柄の値動きが大きく影響を与える

国内株式型の投資信託には、日経平均株価やTOPIXの値動きと連動するものがたくさんあるよ！

●株式の投資先別におけるリスク・リターンの関係性

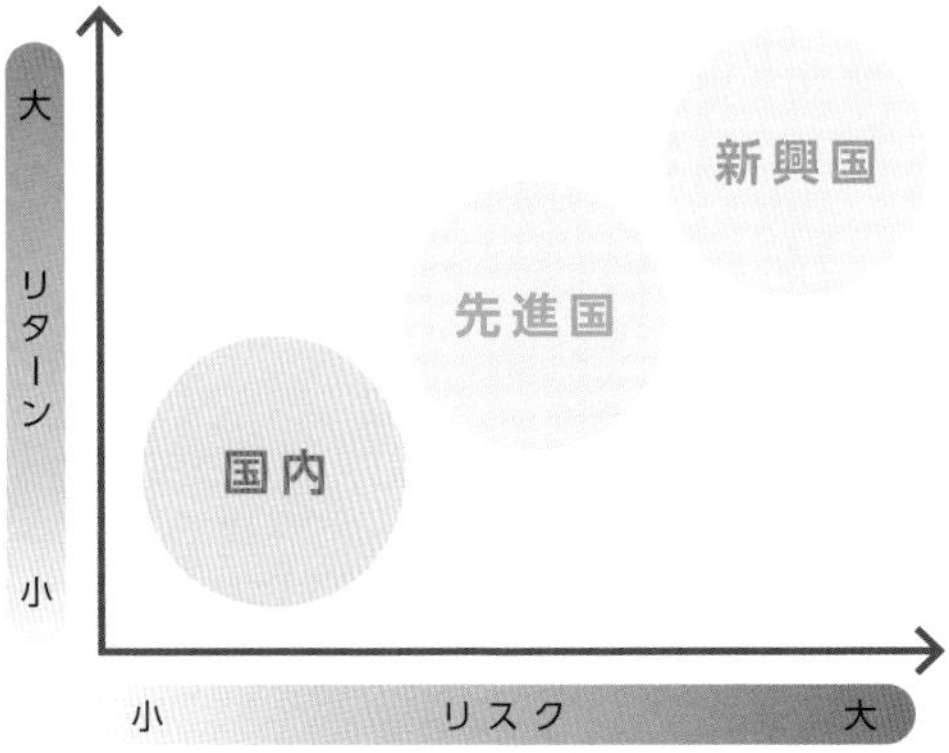

国内より先進国、先進国より新興国のほうが利益が出たときは儲かりますが、逆に損失も大きくなりがちです。

Topic 5

値動きは株に比べて比較的穏やか

投資信託「債券型ファンド」

債券は定期預金と似ている!?

債券に投資する投資信託が債券型ファンドです。iDeCoやNISAの成長投資枠は、債券型に投資できます。つみたて投資枠なら、バランス型（↓P130）で債券に投資することが可能です。

債券は、資金を集めようとする国や自治体、会社が発行する借用証書のようなものです。私たちが債券を購入すると、所定の利息が受け取れ、満期になると定期預金と同じように元本が戻ってきます。

一般に、債券の価格は金利が下落すると上昇します。逆に、金利が上昇すると債券の価格は下落します。

リスクの考え方は株式型と同じ

債券型も国内債券型・先進国債券型・新興国債券型に分類できます。

リスクの考え方は株式型と同じです。先進国で政治・経済が安定しているほどリスクが低く、新興国で不安定な国ほどリスクが高くなります。しかし、**株式型ほどリスク・リターンの幅は広くありません。**また、値動きも株式型より安定しています。

外国の債券の中には、高い利息が受けられるものもありますが、債務不履行によってお金が返ってこないリスクも高まります。ですが、投資信託で各国の債券に分散投資すれば、そのリスクも軽減できるでしょう。

用語解説

（債券の）債務不履行：債券の金利や元本が約束どおりに支払われない状態。デフォルトともいう。債務不履行になるとお金が返ってこない可能性もある。債務不履行のリスクを測る物差しに「格付け」がある（次ページ図参照）。

債券のしくみと特徴

●元本＋利息が受け取れる

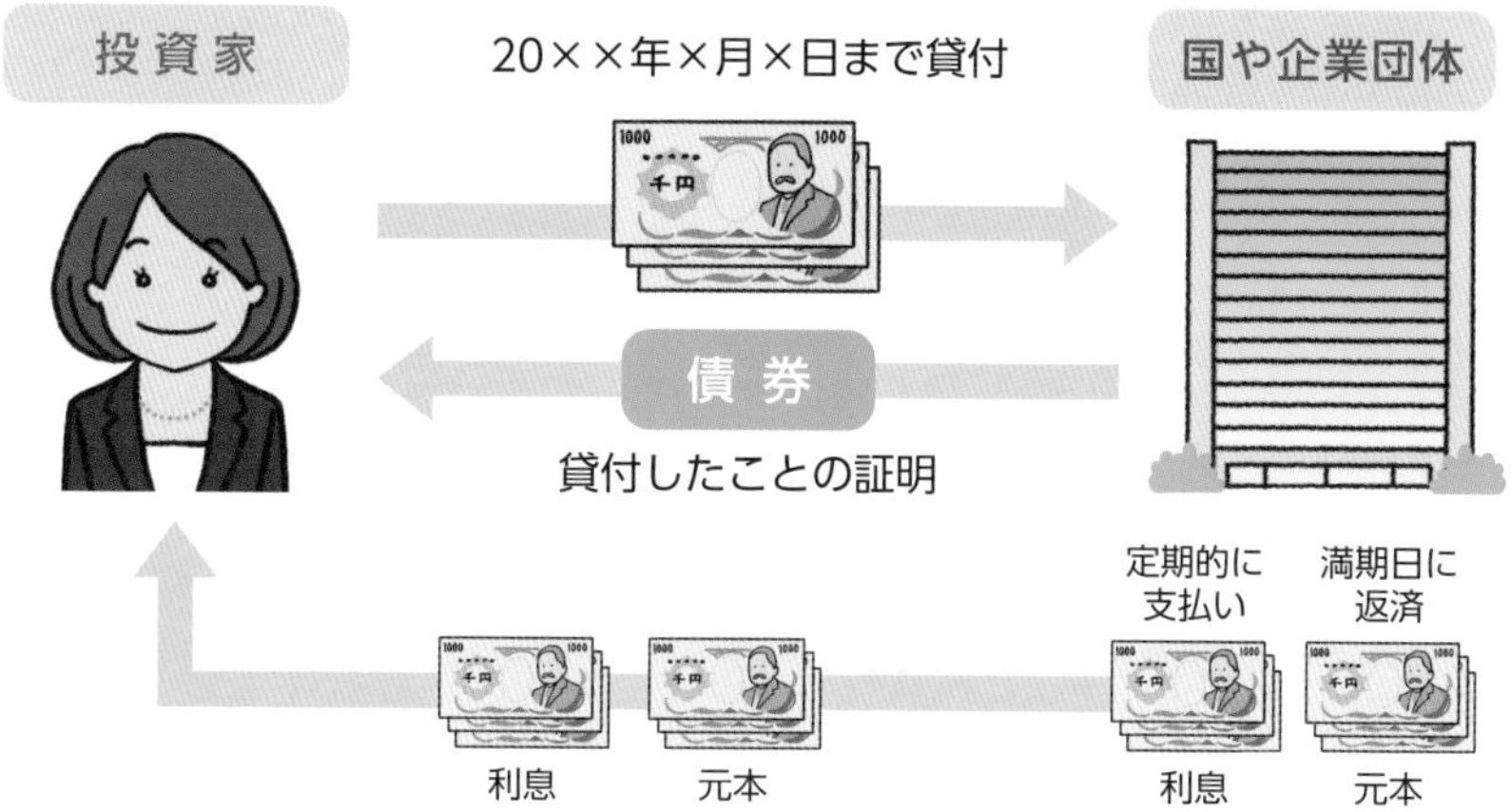

●債券の信用度は格付けで確認！

格付け 元本や利子が返ってくるかという信用度を表す指標。S&P・ムーディーズ・R&I・JCRといった格付け機関により調査・公表されている

S&P･R&I･JCR	ムーディーズ	信用度	金利
AAA	Aaa	高い	低い
AA	Aa		
A	A		
BBB	Baa		
BB	Ba		
B	B		
CCC	Caa		
CC	Ca		
C	C	低い	高い

BBB(Baa)以上が「投資適格」

BB(Ba)以下は「投資不適格」

※数字やプラスマイナスの記号などでさらに細分化される

債券型ファンドがどの債券を組み入れているかによって、リスクやリターンが変わります。

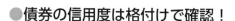

Topic 6

世界中の不動産の間接的な大家さんになれる
投資信託「不動産投資信託（ＲＥＩＴ）」

さまざまな不動産に分散投資

不動産に投資する投資信託を不動産投資信託（ＲＥＩＴ（リート））といいます。

ＲＥＩＴには、**日本国内の不動産に投資するＪ－ＲＥＩＴと、外国の不動産に投資する国際ＲＥＩＴの２つがあります。**

ＲＥＩＴが投資する不動産は、オフィスビル、マンション、商業施設、ホテルなどさまざま。ＲＥＩＴによってどの不動産に投資するかが決まっています。

ＲＥＩＴもｉＤｅＣｏや成長投資枠で投資可能。つみたて投資枠にはＲＥＩＴがありませんが、バランス型の中には、ＲＥＩＴを組み入れているものもあります。

値上がり益と家賃で安定収入

ＲＥＩＴの主な収益源は２つ。ひとつは**不動産価格の値上がりによる利益**です。人気の物件は値上がりしますので、安いときに買って高いときに売れば利益がでます。

２つめは**賃料収入、つまり家賃**です。不動産市場は景気の影響を受けますが、いくら不景気になったからといって、家賃を払う人が急にいなくなるわけではありません。ですから、安定した収入が見込めるのです。

一般的にＲＥＩＴのリスクは債券と株の間くらいです。ただし、国際ＲＥＩＴの場合、為替レートの変動による利益や損失が生まれることもある点には注意しましょう。

Memo

コロナショックによりREITの価格は暴落。東証REIT指数（東証に上場するREITの値動きを示す指数）の下落率は、日経平均株価の下落率を上回りました。特にホテル系や商業施設系のREITで、今までになかったリスクを認識する結果となりました。

手軽にできる不動産投資

●REITのしくみと特徴

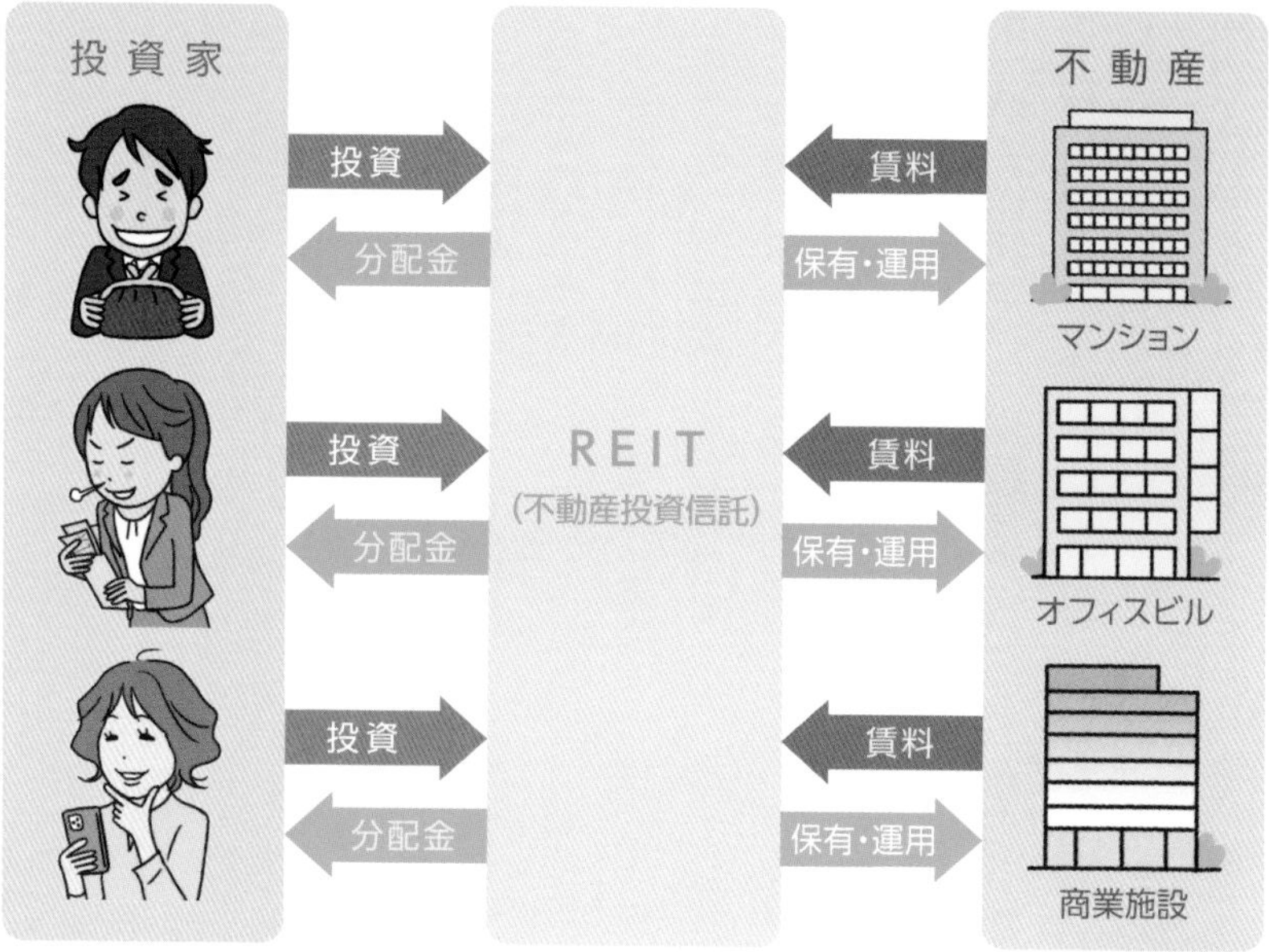

REITは投資家から集めたお金で不動産を保有・運用して、得られた利益を投資家に還元しています。

●REITが従来の不動産投資より優れている5つのポイント

❶少額で投資できる
❷さまざまな物件に分散投資ができる
❸借りてくれる人を探す必要がない
❹物件を管理する必要もない
❺いつでも売ることができる

自分で不動産を買うよりずっと手軽に不動産に投資ができるよ！

Topic 7

1本で複数の資産に投資

投資信託「バランス型ファンド」

1本で分散投資が実現する！

国内外の株式、債券、不動産といった複数の資産に1本でまとめて投資できる投資信託をバランス型といいます。

何かひとつの資産に集中的に投資した場合、当たった場合の利益は大きくなりますが、外れた場合の損失も大きくなってしまいます。それを防ぐ分散投資の大切さは160ページでくわしく話をします。

バランス型の投資信託は、1本買うだけで分散投資ができます。つまり、自分自身でバランスを考えて複数の投資信託を購入する手間が省けるのが大きなメリットです。値動きも比較的安定します。

ほったらかし投資にも向いている

バランス型の投資信託で主流なのが、国内株式・外国株式・国内債券・外国債券の4資産に分散投資するもの。そして、国内株式・先進国株式・新興国株式・国内債券・先進国債券・新興国債券・国内REIT、国際REITの8資産に分散投資するものです。いずれのバランス型も、**投資が進んでそれぞれの資産の比率が変わってきたら、元の比率に調整してくれる（リバランス）のがメリット**になっています。

バランス型を1本だけ買って、あとはほったらかしておくのも一案です。投資に手間をかけたくない人におすすめです。

用語解説

リバランス：投資をした結果、増えた資産を売ったり、減った資産を買ったりして、資産の配分を元に戻すこと。リバランスをすると、値上がりした資産を売って利益確定するとともに、値下がりした資産を買うことにつながる。

1本で複数の資産に投資できるバランス型

一般的な投資信託

国内株式型：国内株式
外国株式型：外国株式

↑投資　↑投資

商品によって、どの資産に投資するかが決まっている

バランス型投資信託

バランス型：
国内不動産　国内債券　国内株式
外国不動産　外国債券　外国株式

↑投資

はじめからいろいろな資産がセットになっている

バランス型は1本買うだけで複数の資産に分散投資できます。どの資産にどれだけ投資するかは、商品により異なります。

●バランス型の投資信託の中身をチェック！

ニッセイ・インデックスバランスファンド（4資産均等型）

4資産に均等分散投資

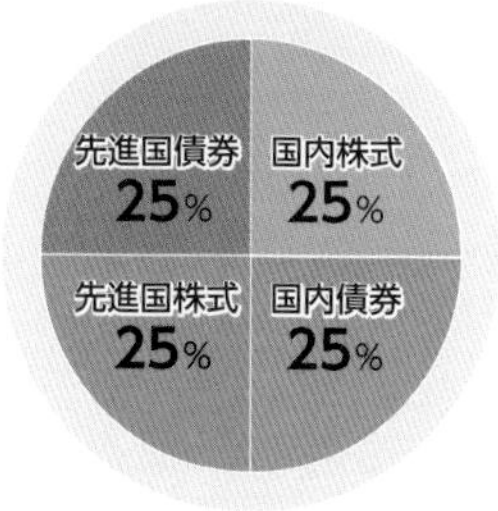

eMAXIS Slim バランス（8資産均等型）

8資産に均等分散投資

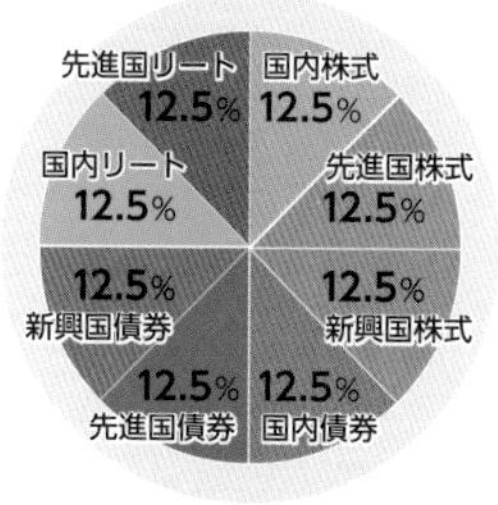

リスクの大きい資産を多く組み入れている商品ほどハイリスク・ハイリターン！上の例では、8資産均等型のほうがハイリスク・ハイリターンになるよ。

Topic 8

ターゲットイヤー型・リスクコントロール型

資産配分が自動的に調整される

状況に合わせて資産配分が変わる

投資信託の中には、投資している間に資産配分が調整されるものがあります。**ターゲットイヤー型は、ライフサイクルによって資産配分が変わります。**たとえば、若いうちは株式中心でハイリターンを狙い、歳を重ねるごとに徐々に債券にシフトして安全運用を行う、といった運用ができます。多くは名前に2050などといった西暦や、30、40といった年代が記載されています。

また、リスクコントロール型は、国内外のさまざまな資産に投資しながら、**運用会社がリスクを回避するために機動的に資産配分を変更する**投資信託です。

一見おトクそうだが欠点も……

両方とも、リスクを抑えつつリターンも狙えるいい商品だと思うかもしれません。

しかし、**ターゲットイヤー型は取れるリスクを年齢だけで判断する点に注意。**必ずしもその人にあった投資になるとは限りません。また、リスクコントロール型は相場の上昇局面では、インデックス型ほどの値上がりが期待できませんし、下落局面も必ず損失回避できるわけではありません。

そして何より、**どちらも信託報酬（→P134）が高いものが多い**のが欠点。これらを買うのであれば、より信託報酬の安い通常のバランス型をおすすめします。

Memo

ターゲットイヤー型には、若いうちの積極運用で抱えた損失が大きいと、歳を取ってからの安定運用では挽回しにくくなるという欠点もあります。

2つの違いを理解しよう!

ターゲットイヤー型

投資家の年齢に合わせて資産の割合を変化させる投資信託

●例

20代

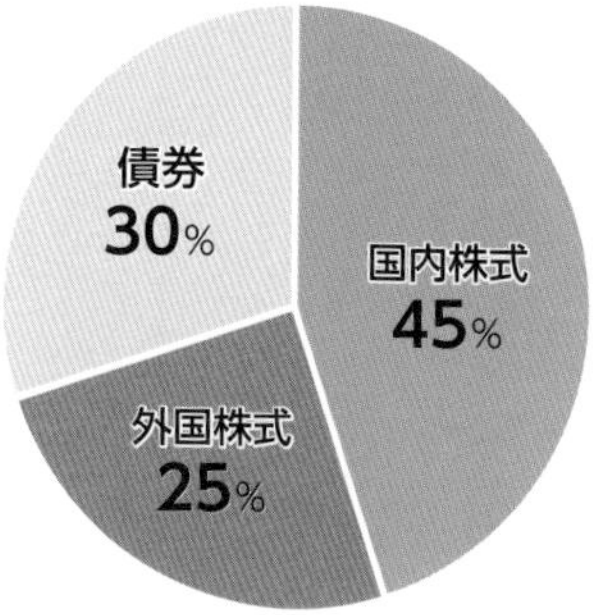

リスク・リターン 高

運用会社が
自動的に
配分変更

50代

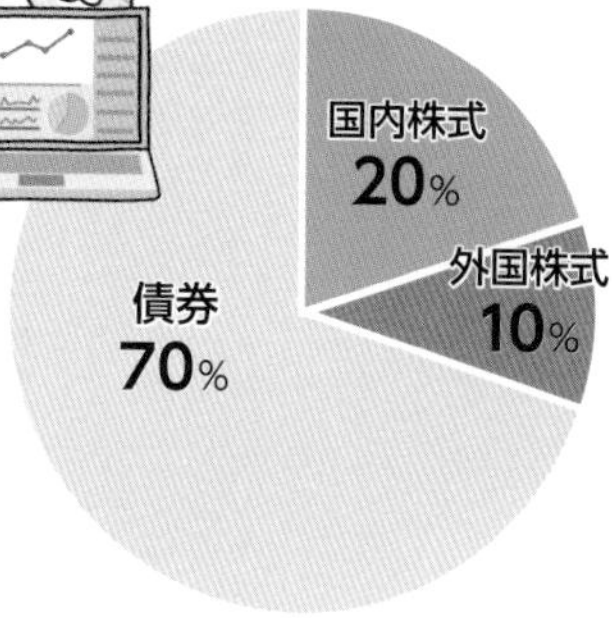

リスク・リターン 低

リスクコントロール型

リスクを回避するために運用会社が機動的に資産配分を変更する投資信託

●例

通常時

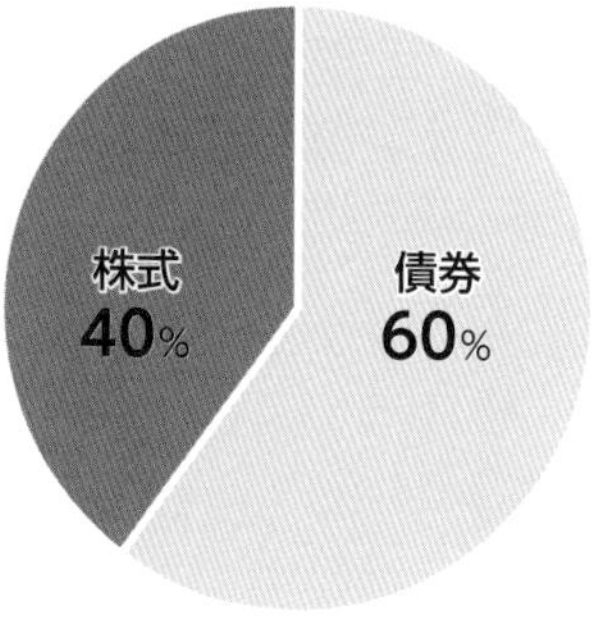

バランスの取れた運用

運用会社が
機動的に変更

株価下落時

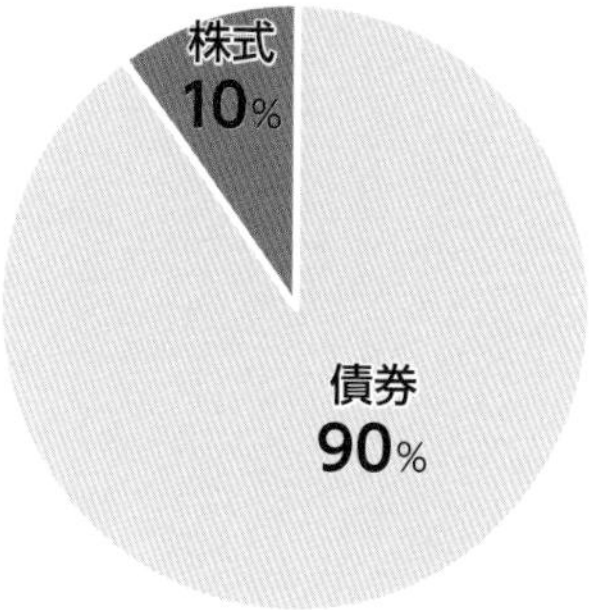

リスクの少ない運用

どちらもしくみが複雑で何に投資しているのかわかりにくくなるうえ、手数料も高いのが難点。通常のバランス型を購入するほうがいいでしょう。

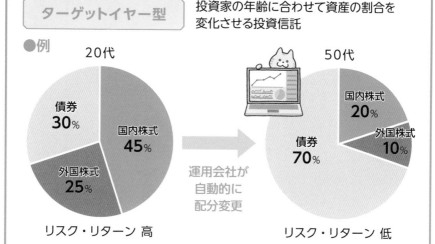

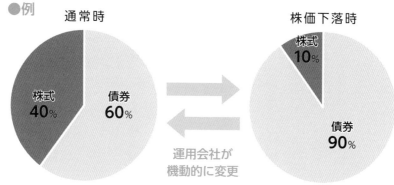

Topic 9

利益を左右する投資信託のコストを知っておきたい！

投資信託にかかる3つの手数料

購入時、保有中、解約時にかかる

投資信託では通常、**購入時、保有中、解約時（売却時）にそれぞれ手数料がかかります。**

購入時にかかる「購入時手数料」の手数料率は0〜3％程度が一般的。投資信託の購入代金から差し引かれます。

保有中にかかる手数料が「信託報酬」です。目安は純資産総額の年0・2〜3％程度。運用状況にかかわらず、投資信託の資産から毎日差し引かれます。

解約時にかかる手数料が「信託財産留保額」です。相場は0〜0・5％程度。解約のペナルティとして、解約資産の一部を投資信託に残します。

手数料は少しでも安いものを

もっとも**重視すべき手数料は保有中にかかる信託報酬。**投資期間が長いほど、わずかな差が大きな金額の差となるからです。NISAやiDeCoの投資は数十年に及ぶため、その影響も大きくなります。運用の結果は自分ではコントロールできませんが、手数料は自分で選べます。**できるだけ手数料の安い商品を選びましょう。**

なお、**購入時手数料は、NISAのつみたて投資枠やiDeCoでは無料**です。しかし、成長投資枠で買える投資信託のなかには、高い購入時手数料がかかるものもあるので、購入前に必ず確認しましょう。

Memo

新NISA制度のスタートにともない、次々と　購入時手数料がかからない（ノーロード）新しい商品が出てきています。つみたて投資枠で購入できる商品は金融庁のホームページで公開されているので、定期的にチェックしてみるといいでしょう。

重視すべきは信託報酬

●投資信託にかかる主な手数料

購入時

購入時手数料

投資信託を購入するときに一時的にかかる手数料

保有中

信託報酬

重要！

投資信託を保有している間ずっと支払う手数料

解約時

信託財産留保額

投資信託の解約時の手数料

↓

解約時に徴収して運用を安定させる手数料なので、長期保有者にはあったほうが有利

購入時手数料も信託報酬もできるだけ安いものを選ぼう。購入時手数料はつみたて投資枠・iDeCoなら無料だよ！

●例：100万円を20年間、年利3%で運用
信託報酬１%の場合と0.1%の場合の資産の差額は？

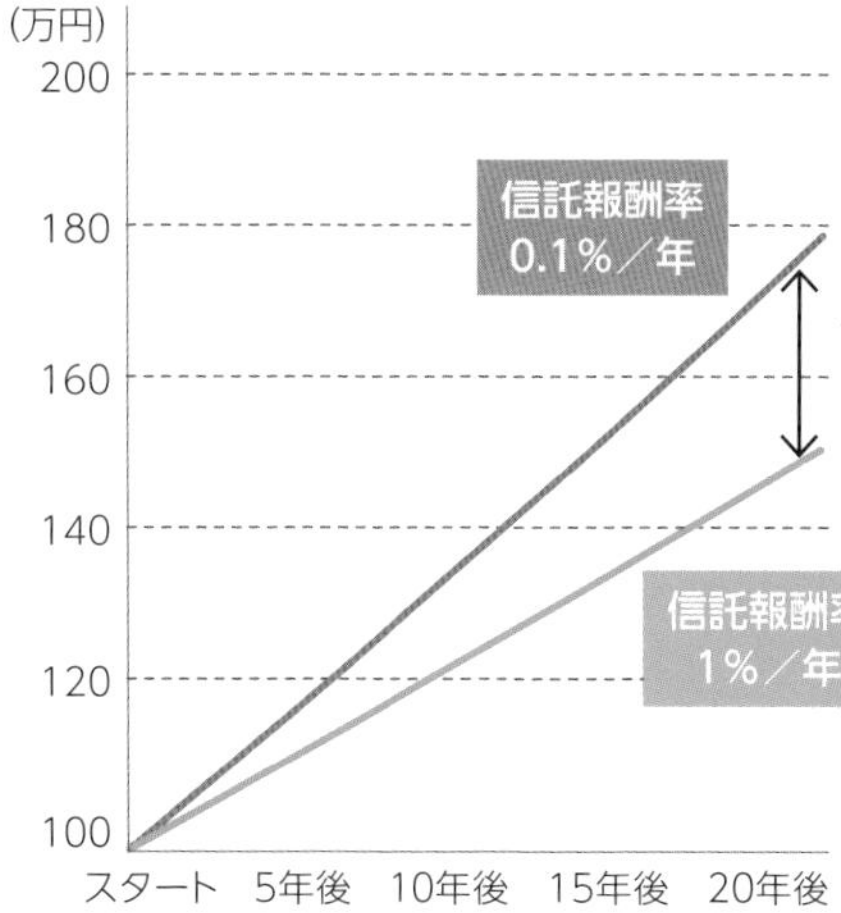

一番重視すべきは保有中の信託報酬。左の例では、わずか0.9%の違いが28.5万円の差を生み出しました。

Topic 10

投資信託の運用手法の違い

インデックス型とアクティブ型

指標に対する目標が異なる

投資信託は、運用手法の違いによって大きく「インデックス型」と「アクティブ型」の2種類に分けられます。

インデックス型は、目標とする指標（ベンチマーク）に連動することを目指す投資信託です。たとえば、「TOPIXに連動するインデックス型」の商品に投資をすれば、TOPIX全体に分散投資をするのと似た効果が得られます。

一方、**アクティブ型は、指標を上回ることや「年10％のリターン」などと絶対収益を得ることを目指す投資信託**です。日経平均株価をベンチマークにした場合、日経平均株価を上回ることを目指します。

インデックス型はコストが安い

一見、アクティブ型のほうが儲かりそうですが、実はプロのファンドマネジャーの力をもってしても、指標を上回るのは大変です。そのうえ、**インデックス型よりアクティブ型のほうが信託報酬は高め**です。インデックス型の運用は指標に合わせて機械的に行われますが、アクティブ型はファンドマネジャーが投資先を分析する手間がかかるためコストが高いのです。

とはいえ、アクティブ型の中には、インデックス型以上の利益を上げる商品があるのも事実。内容や実績を見定めましょう。

用語解説

ファンドマネジャー：投資信託の運用を行う専門家。投資信託の運用方針にのっとり、国・業種・会社などを分析している。また、投資先の組み入れ比率や売買のタイミングなども判断する。

運用方法の異なる2つの投資信託

●インデックス型とアクティブ型の違い

	インデックス型	アクティブ型
運用手法	指数と連動した値動きを目指す	指数を上回る運用成果を目指す
値動きのイメージ	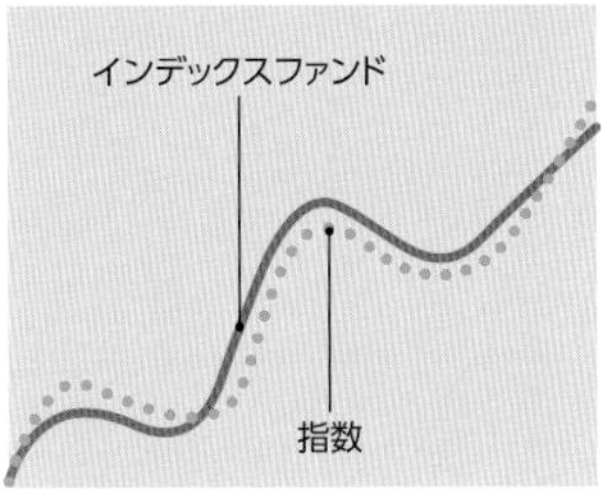	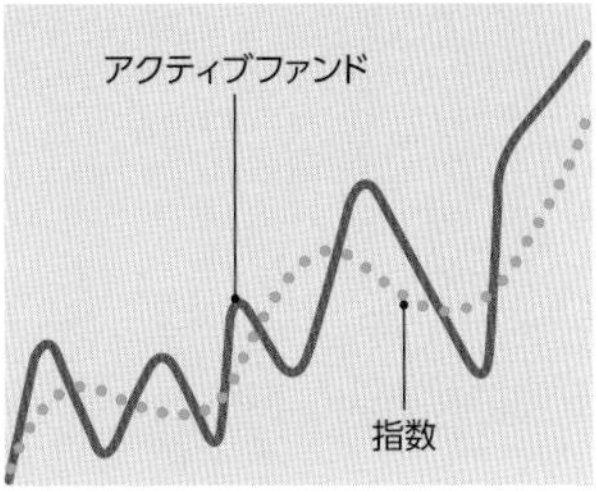
商品(ファンド)ごとの運用成績	同じ指数に連動するものなら運用成績にあまり差がない	商品による差が大きい
コスト(信託報酬)	低い	高い

投資信託を買う前には、インデックス型なのかアクティブ型なのかを必ずチェック！

●インデックス型に勝てないアクティブ型は多い

市場平均に勝てなかったアクティブ型ファンドの割合(%)	1年	3年	5年	10年
日本の大型株ファンド	83.4	81.9	93.1	84.6
日本の中小型株ファンド	48.5	61.0	53.8	47.0
米国株式ファンド	80.3	83.0	93.9	90.5
新興国株式ファンド	67.1	82.7	86.9	100.0

S&Pダウ・ジョーンズ・インデックス社　「SPIVA®日本スコアカード」2023中期版より作成

市場平均を上回れないということは、インデックス型に勝てていないということです。とはいえ、アクティブ型の中にはインデックス型を大きく超える利益を出すものもあります。

Topic 11

投資信託選びのポイント

自分にあった1本を見つける秘訣

まずは、規模や手数料に注目

さまざまな投資信託から、自分にあった商品を選ぶポイントをまとめて紹介します。

インデックス型なら、**投資信託の規模を表す純資産総額と価格を表す基準価額がともに右肩上がりで増えていることが大切です。**これらは運用成績が好調で、投資家からの人気が高いことを示します。逆に純資産総額が極端に減っていると、繰上償還の可能性もあるので、必ず確認しましょう。

信託報酬が安いことも重要。同じベンチマークの商品は、似た値動きをします。そのときに利益の差を生むのは信託報酬です。**投資先はなるべく多いもの、市場全体をカバーできるものを選ぶといいでしょう。**そのほうが、分散投資の効果が高まります。

アクティブ型はリターン重視

アクティブ型は何よりリターンを重視します。インデックス型より手数料が高くても、インデックス型を上回る運用ができていればさほど気にする必要はありません。少なくとも3年、**できれば5年・10年といった長いスパンでの運用成績を確認し、順調に伸びているものを選びましょう。**

また、同程度のリスクの商品の中で収益性が高いことを表すシャープレシオもチェック。数値が高いほど、効率よく利益が上げられていることを表します。

用語解説

繰上償還：投資信託の運用が満期になる前に終了すること。投資信託の資産が大きく減ったり、投資信託会社が破たんしたりしたときに行われる場合がある。特に損を抱えているときに繰上償還すると、損が確定する。

いい投資信託のチェックポイント

インデックス型の場合

①純資産総額	多いほどいい
②運用成績（純資産総額・基準価額の推移）	右肩上がりだといい
③信託報酬	低いほどいい
④投資先の資産	多いほどいい
⑤シャープレシオ	値が高いほどいい
⑥トラッキングエラー（ベンチマークと実際の値動きの差）	値が小さいほどいい

ベンチマークが日経平均株価なら225銘柄、TOPIXなら約2200銘柄ですから、TOPIXのほうがより幅広く分散投資できます。

アクティブ型の場合

①運用実績	高いほどいい（過去3年以上をチェック）
②純資産総額	少しずつ増えているといい
③シャープレシオ	値が高いほどいい
④資金流出入額	順調に流入しているものがいい

アクティブ型も運用コストは低いほうがよいですが、それより運用コストを大きく上回る実績を出せているかが大切。実績がよいからといって、これからも稼げるとは限りませんが、いい運用をしているかの判断には役立ちます。

金融機関のウェブサイトでは、投資信託ごとの詳細な情報をまとめて掲載しているので、要チェック！

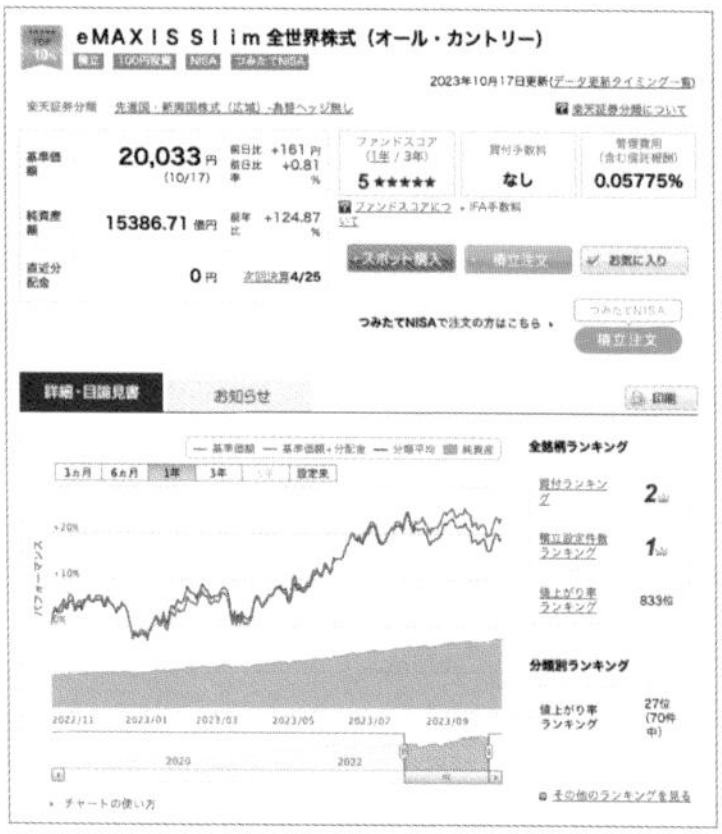

※楽天証券の例

投資信託のおすすめはこれだ!

新NISA&iDeCoおすすめの投資信託

4資産均等型

つみたて投資枠　成長投資枠　iDeCo

ニッセイ・インデックスバランスファンド(4資産均等型)

国内債券・国内株式・先進国債券・先進国株式の4資産に25%ずつ投資。1本買うだけで、債券50%・株式50%の運用ができます。比較的リスクを抑えた運用をしたい方向きです。

純資産総額		373億円
信託報酬		0.154%
トータルリターン(年率)	3年	8.91%
	5年	7.21%

8資産均等型

つみたて投資枠　成長投資枠　iDeCo

eMAXIS Slimバランス(8資産均等型)

国内・先進国・新興国の株式と債券、国内外の不動産の8つに12.5%ずつ均等に投資。バランス型のメリットを活かしつつ、やや積極的に利益を狙うのに向いています。

純資産総額		2,273億円
信託報酬		0.143%
トータルリターン(年率)	3年	9.34%
	5年	6.97%

米国株全体

つみたて投資枠　成長投資枠　iDeCo

SBI・V・全米株式インデックス・ファンド

バンガード・トータル・ストック・マーケットETF(VTI)に投資。1本買うだけで米国株式市場をほぼ100%網羅して分散投資できます。信託報酬も0.1%を切る低水準です。

純資産総額		1,935億円
信託報酬		0.0938%
トータルリターン(年率)	3年	―
	5年	―

全世界株

つみたて投資枠　成長投資枠　iDeCo

eMAXIS Slim 全世界株式(オール・カントリー)

日本を含む世界の先進国・新興国の株式で構成された「MSCI ACWI」という指標と連動を目指します。年0.05775%というとても安い信託報酬で、世界中の株式に分散投資できます。

純資産総額		1兆6,065億円
信託報酬		0.05775%
トータルリターン(年率)	3年	18.50%
	5年	13.91%

全世界株

つみたて投資枠　成長投資枠　iDeCo

SBI・全世界株式インデックス・ファンド

「FTSEグローバル・オールキャップ・インデックス」という指標と連動を目指す投資信託。日本を含む世界の大中小型株約9500銘柄、世界の株式の時価総額の98%をカバーします。

純資産総額		1,449億円
信託報酬		0.1102%
トータルリターン（年率）	3年	18.03%
	5年	13.26%

米国成長株

つみたて投資枠　成長投資枠　iDeCo

ニッセイNASDAQ100インデックスファンド

米国の先進企業を組み入れるNASDAQ100指数と連動を目指す投資信託。高パフォーマンスで人気の指標に低コストで投資できます。高いリスクをとってお金を増やしたい人向けです。

純資産総額		185億円
信託報酬		0.2035%
トータルリターン（年率）	3年	ー
	5年	ー

米国連続増配株

つみたて投資枠　成長投資枠　iDeCo

Tracers S&P500配当貴族インデックス（米国株式）

米国の株式指標「S&P500」構成銘柄のうち原則25年以上連続増配を続ける銘柄で構成。財務健全で安定成長の企業が揃っているので、下落相場に強いのが特徴。配当金にも期待できます。

純資産総額		91億円
信託報酬		0.1155%
トータルリターン（年率）	3年	ー
	5年	ー

米国連続増配株

つみたて投資枠　成長投資枠　iDeCo

iFreePlus 米国配当王（年4回決算型）

「配当王」と呼ばれる50年以上増配している米国企業に投資する投資信託です。こちらも業績が安定した企業が揃っています。年4回決算型は3ヶ月に1度分配金が受け取れます。

純資産総額		5億円
信託報酬		0.286%
トータルリターン（年率）	3年	ー
	5年	ー

2023年11月7日時点

Topic 12

ETFって何？ 投資信託とは違うの？

株のように売買できる投資信託

証券取引所に上場している投資信託

1本で複数の投資先にまとめて投資できる商品には、投資信託のほかにETF（上場投資信託）もあります。名前のとおり、どちらも投資信託なのですが、**証券取引所に上場していないのが投資信託で、上場しているのがETF**です。ETFのほとんどはインデックス型。たとえばTOPIXやS&P500といった株価指数に連動することを目指しています。

ETFは株と同様にリアルタイムで取引できます。また、近年は差が少なくなってはいますが、インデックス型の投資信託よりも低コストで分散投資ができます。

ETFがおすすめの人は？

ETFは売買のタイミングを自分で決めたい人や分散投資のコストを下げたい人におすすめ。定期的に配当がほしいけれど、個別株はリスクが高いと思う方は、高配当株ETFや増配株ETFに投資するのも◎。

ただし、**ETFはiDeCoの対象外。つみたて投資枠でも本数が少なく、自動積立サービスがある金融機関も限られています。**分配金も自動で再投資されない証券会社がほとんどです。なお、成長投資枠なら、米国ETFにも投資ができるので、つみたて投資枠やiDeCo活用後の「次の投資先」にするとよいでしょう。

用語解説

ティッカー（シンボル）：米国の株式やETFにつけられている記号のこと。日本株の証券コードと同じ役割がある。米国では、株式もETFも1～数文字のアルファベットで表す。

投資信託とETFの主な違い

	投資信託（インデックスファンド）	ETF
販売会社	取り扱い証券会社、銀行など	証券会社
取引価格	**1日1回算出される基準価額**	**市場価格**
取引可能時間	**販売会社が決める時間**	**取引所立会時間（リアルタイム）**
発注方法	成行／指値はできない	成行／指値
購入時手数料	かからないもの（ノーロード）が多い	かかる
信託報酬	**ETFより一般的に高い**	**インデックスファンドより一般的に安い**
最低購入金額	100円から	取引価格×1取引単位 通常は1万円〜10万円程度
分配金の自動再投資	**あり**	**ほとんどなし** ※マネックス証券「米国株定期買付サービス」が米国ETFの分配金の自動再投資に対応

どちらも「投資信託」ですが、違いはいろいろあります。手間なくできるつみたて投資枠やiDeCoでの投資を優先して、さらに投資したい場合に選択肢として取り入れるのがいいでしょう。おすすめのETFはP152で紹介します。

ETFの自動積立のサービスを実施している金融機関は少ないけれど、本書でおすすめしているSBI証券、楽天証券、マネックス証券なら対応しているよ！

Topic 13

成長投資枠のおすすめ投資候補は？

成長投資枠で個別株・ETFにも投資したい！

個別株はどう選ぶといい？

ＮＩＳＡの運用益非課税の恩恵を受けるには、利益が出ている必要があります。成長投資枠で個別株に投資するならば、投資先はよく吟味しましょう。

投資先は好業績であることが大切。**過去3期〜5期分の売上高・営業利益と『会社四季報』（東洋経済新報社）の2期分の予想を見て、右肩上がりで伸びているか**を確認します。また、10年後、20年後と中長期的に拡大が見込める業界かどうかも確認しましょう。たとえば医療・農業・美容・健康・ヘルスケア・ゲーム・半導体といった業界は、今後も息の長い需要が見込めます。

ＥＴＦはどう選ぶといい？

ＥＴＦはコスト（経費率）が安いのが特徴ですが、そのなかでもなるべく安いものを選びましょう。**0.03％〜0.2％程度が目安**です。また、ＥＴＦが効率よく安定的に投資するためには、ある程度の規模が必要です。純資産総額が50億円以上、売買の成立した量を表す出来高が3万口以上あるかもチェックしましょう。

世界経済の成長の恩恵を受けるには、**「全世界株式型」または「米国株式型」のＥＴＦがおすすめ。**世界経済はおおむね年3％程度で成長していますし、米国は世界経済の中心だからです。

Memo

ほかの口座から新NISA口座に「長期保有優遇」のある優待株を移したい場合は、先に新NISA口座で同じ株を買ってからほかの口座にある株を売ると、引き続き長期保有の優遇が受けられます。順番が逆だと長期保有ではなくなるので要注意。

個別株を選ぶときのポイント

●業績がよく、中長期的に拡大する業界かをチェック

好業績？ 有力！

売上高・営業利益
過去3〜5年が右肩上がり
2期分の予想が伸びている

中長期的に拡大する業界？ 有力！

長く需要が見込まれる
医療・農業・美容・健康・ヘルスケア・ゲーム・半導体など

業績が右肩上がりの銘柄は、株価も右肩上がりで成長していく期待ができます。相場全体が暴落しても、下落からいち早く抜け出し、値上がりする強さを持っているのも特徴です。

●会社四季報でチェック

●財務欄
・自己資本比率（会社のお金のうち返済不要なお金の割合）が高いか
・営業CF（本業で得られた金額）が多いかをチェック

●業績予想の修正欄
今号と前号の営業利益予想を比較したもの
・大幅増額 ……………… 30%以上の増額
・増額 ……………… 5%〜30%未満の増額
に注目

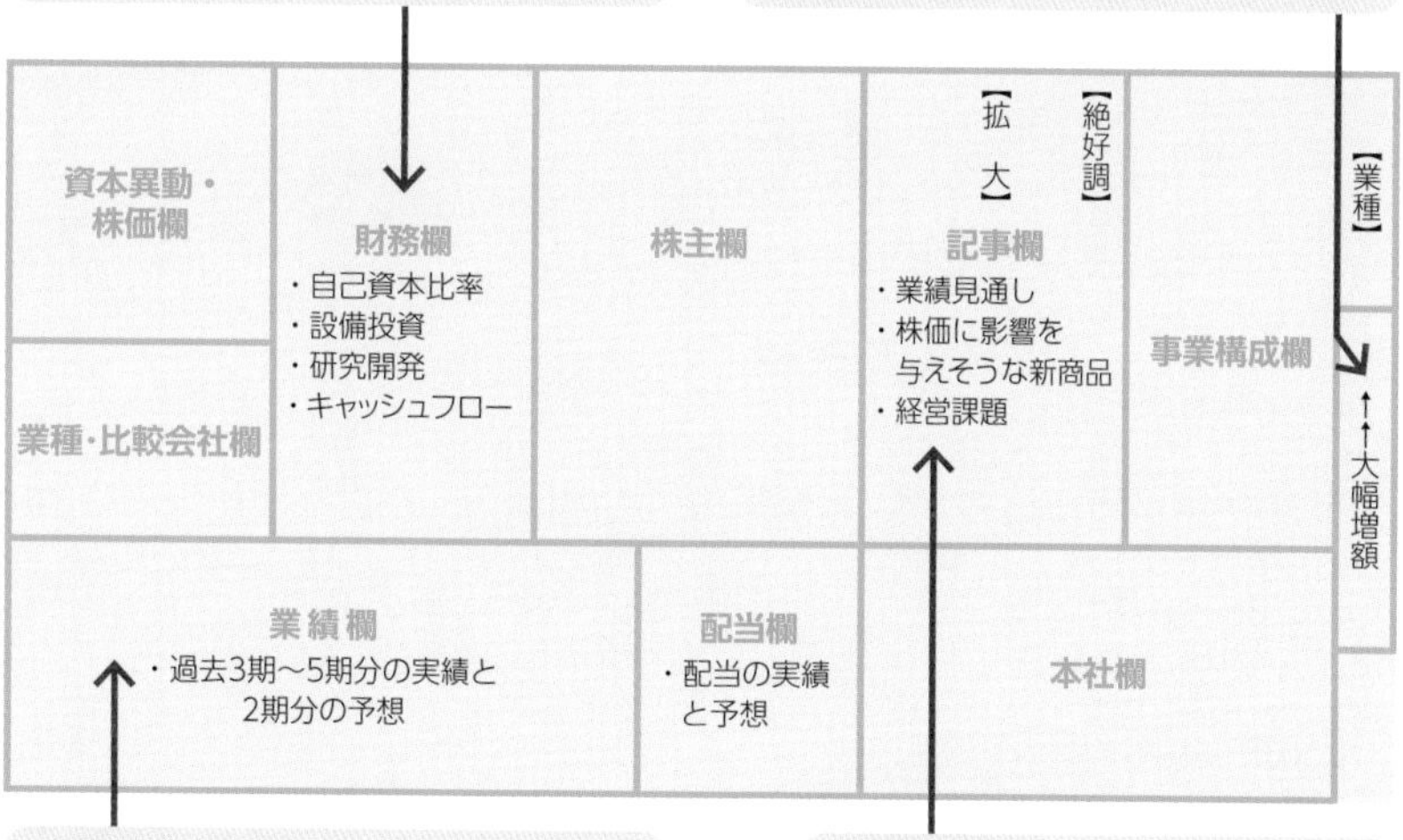

●業績欄
過去3期〜5期分の実績と2期分の予想
・売上高や営業利益がともに右肩上がりか
・（高配当株）1株あたり利益・1株あたり配当が右肩上がりか

●記事欄
・**【独自増額】**…四季報の記者が取材後独自に予想を引き上げたことを指す
・**【最高益】【連続最高益】【飛躍】【絶好調】【続伸】【急伸】**は好調の証

Topic 14 株を買うのに大金が必要ない時代に！

少額・1株からでも株は買える

少額でも立派な株式投資

日本株は通常、１００株単位の「単元株」で取引されます。株価は1株あたりの価格で表示されているため、**単元株を買うにはその１００倍の金額が必要**です。

しかし、証券会社のなかには1株単位での取引ができるサービスを用意しているところも。**これを利用すれば、1株からでも株を買うことができる**ようになります。

1株であっても、本格的な株式投資です。多くのサービスでは、ＮＩＳＡにも対応しています。保有している株数に応じて、配当金も受け取れます。ただし、株主優待はほとんどの場合もらえません。

単元未満株の積立投資サービスも

単元未満株であっても、少しずつ買い増して１００株の単元株になれば、株主優待をもらうことができます。なかには**単元未満株でも利用できる積立投資サービスを用意している証券会社もあります。**

たとえば、楽天証券「かぶツミ」では、国内株式を３０００円から積立投資で購入することが可能。毎月指定した日に指定した株を、指定した金額または指定した株数で定期的に買い付けできます。株も一定額を定期的に買い付けることで、ドルコスト平均法によって平均購入価格を抑えることができます。

Memo

近年は少額からの投資サービスも多様化。スマホで投資ができるスマホ証券のPayPay証券では、日本株・米国株の所定の銘柄を株価にかかわらず1,000円から購入できます。米国株は積立投資も可能。新NISAにも対応しています。

少額からでも株を買ってみよう

●1株からでも株が買える

今の株価は
3,000円です

A社

単元株の取引

100株で購入
3,000円×100株
=**30**万円必要

30万円はムリ……。

単元未満株の取引

1株から購入できる
3,000円×1株
=**3,000**円必要

3,000円なら
気軽にできる！

※金融機関によっては売買手数料も必要

●主な単元未満株の投資サービス

SBI証券
「S株」

東証に上場する
すべての国内株式を
1株単位で購入できる

楽天証券
「かぶミニ」

一部の対象銘柄は
リアルタイムで約定する

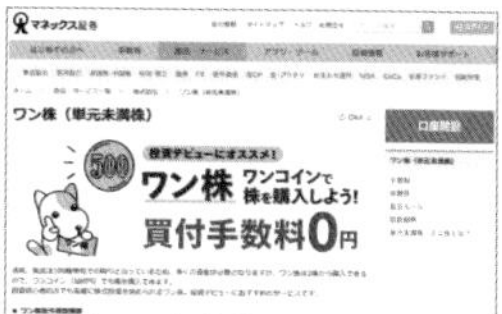

マネックス証券
「ワン株」

単元未満株を
貸し出して金利を
受け取れるサービスも展開

いずれもNISAに対応しており、買付手数料も無料になっています。いきなり多額の投資は心配という方でも、少額からなら始めやすいですね。

Topic 15

高配当株・増配を続ける株を探そう

不労所得が手に入る株がある？

配当金がどんどん増える！

会社の事業がうまくいったときに支払われるのが配当金です。株価に占めるこの配当金の割合（配当利回り）が高い株を高配当株といいます。はっきりした定義はありませんが、**配当利回りが3～4％を超える銘柄は高配当株**だといわれます。

また、配当の金額を増やすことを増配といいます。なかには、**増配を何十年も続けている連続増配株**もあります。

高配当株・連続増配株には、業績がよいものが多くあります。何より、株を持っているだけで配当がどんどんもらえるのですから、積極的に探してみましょう。

配当利回りは高いほどいい？

ただし、配当利回りが高い銘柄を見つけたからといって、安易に飛びついてはいけません。配当利回りは「1株あたり配当金÷株価×100」で計算するため、**業績が悪くて株価が下がっている銘柄の配当利回りも高くなってしまう**のです。

こうした銘柄を買ってしまうと、配当金の利益よりもその後の株価下落で大きく損をするかもしれません。また、配当金を減らす減配や、配当金を出さなくなる無配となると、いっそう損をする可能性もあります。高配当銘柄に投資する際には、業績がよいかを最初に確認しましょう。

Memo

NISA口座の配当金や分配金は、証券口座で受け取る「株式数比例配分方式」を選ばないと非課税にならないので要注意。またNISAで米国株を購入しても、配当金には米国で課税（10％）されます。

高配当株と増配株

●「配当利回り」に要注意

配当利回り＝
1株あたり配当金÷株価×100

配当利回り例：

1株あたり配当金60円
株価2,500円
⇒**配当利回り2.4％**

１株あたり配当金60円
株価1,200円
⇒**配当利回り5％**

株価が下がると配当利回りが上がる！

配当が多くもらえても業績悪化が原因で株価が下がっている会社はNG！株価下落で損したり、配当金が減る・無しになったりする可能性もあります。

●日本株・米国株の主な連続増配株

順位	日本株		
	銘柄（証券コード）	業種	連続増配年数
1	花王（4452）	化学	33年
2	SPK（7466）	卸売業	25年
3	三菱HCキャピタル（8593）	その他金融業	24年
3	小林製薬（4967）	化学	24年
4	ユー・エス・エス（4732）	サービス業	23年

順位	米国株		
	銘柄（ティッカー）	業種	連続増配年数
1	アメリカン・ステイツ・ウォーター（AWR）	公益事業	69年
2	ドーバー（DOV）	工業	68年
3	ジェニュイン・パーツ（GPC）	一般消費財	67年
3	ノースウェスト・ナチュラル・ガス（NWN）	公益事業	67年
3	プロクター・アンド・ギャンブル（PG）	一般消費財	67年

※ 2023年10月31日時点

●高配当株・増配株のチェックポイント

売上高や営業利益が年々伸びているか	過去3期～5期分と今後2期分の予測が右肩上がりで伸び続けている会社かどうか
営業利益率・経常利益率が高いか	同業他社と比べて高ければ、利益を稼ぎ出す力が強いと判断できる
1株あたり利益や1株あたり配当が年々増加しているか	高い配当を出し続けられるか、増配の可能性があるのかがチェックできる
借金が少ないか・自己資本比率が50％以上か	会社のお金のうち返済不要な「自己資本比率」が50％以上だと安全性が高い
不況に強い業種か	業績や株価が比較的安定している食品、医薬品、電力・ガス、鉄道、通信などが有力

他社と比較して優れているかをチェックしよう！

成長投資枠で個別株に投資したい!

株式投資の国内外おすすめ銘柄

日本株のおすすめ銘柄

卸売業	**マクニカホールディングス(3132)**	決算期	売上	営業利益
値上がり・配当期待	独立系の半導体商社として 国内トップ級	2019/3	5,242億円	153億円
		2020/3	5,211億円	144億円
株価	6,025円	2021/3	5,539億円	187億円
自己資本比率	38.6%	2022/3	7,618億円	367億円
配当利回り	2.66%	2023/3	1兆292億円	616億円

機械	**コマツ(6301)**	決算期	売上	営業利益
値上がり・配当期待	建機最大手、世界2位。 IT活用に強み	2019/3	2兆7,252億円	3,978億円
		2020/3	2兆4,448億円	2,507億円
株価	3,463円	2021/3	2兆1,895億円	1,673億円
自己資本比率	52.1%	2022/3	2兆8,023億円	3,170億円
配当利回り	4.16%	2023/3	3兆5,434億円	4,906億円

情報・通信	**日本電信電話(9432)**	決算期	売上	営業利益
配当期待	NTT。主力はドコモ、 光回線も高シェア	2019/3	11兆8,798億円	1兆6,938億円
		2020/3	11兆8,994億円	1兆5,621億円
株価	176.8円	2021/3	11兆9,439億円	1兆6,713億円
自己資本比率	33.8%	2022/3	12兆1,564億円	1兆7,685億円
配当利回り	2.83%	2023/3	13兆1,362億円	1兆8,290億円

化学	**クミアイ化学工業(4996)**	決算期	売上	営業利益
値上がり・配当期待	全農系で農薬専業首位クラス	2018/10	968億円	55億円
		2019/10	1,034億円	76億円
株価	1,092円	2020/10	1,072億円	82億円
自己資本比率	56.4%	2021/10	1,181億円	84億円
配当利回り	3.85%	2022/10	1,453億円	126億円

化学	**ユニ・チャーム(8113)**	決算期	売上	営業利益
値上がり期待	衛生用品大手。 ペットケア製品も強い	2018/12	6,882億円	951億円
		2019/12	7,142億円	897億円
株価	5,121円	2020/12	7,274億円	1,147億円
自己資本比率	58.9%	2021/12	7,827億円	1,224億円
配当利回り	0.78%	2022/12	8,980億円	1,195億円

医薬品	**アステラス製薬(4503)**	決算期	売上	営業利益
値上がり・配当期待	医薬品国内2位。 前立腺がん薬が柱	2019/3	1兆3,063億円	2,439億円
		2020/3	1兆3,008億円	2,439億円
株価	1,900円	2021/3	1兆2,495億円	1,360億円
自己資本比率	56.4%	2022/3	1兆2,961億円	1,556億円
配当利回り	3.68%	2023/3	1兆5,186億円	1,330億円

米国株のおすすめ銘柄

サービス	**アマゾン・ドット・コム(AMZN)**	決算期	売上	営業利益
値上がり期待	米国のオンライン小売最大手	2018/12	2,328億ドル	124億ドル
		2019/12	2,805億ドル	145億ドル
株価	132.71ドル	2020/12	3,860億ドル	228億ドル
自己資本比率	31.5%	2021/12	4,698億ドル	248億ドル
配当利回り	0.00%	2022/12	5,139億ドル	122億ドル

IT・通信	**アップル(AAPL)**	決算期	売上	営業利益
値上がり期待	米国のIT機器大手。Mac、iPhoneなど	2018/9	2,655億ドル	708億ドル
		2019/9	2,601億ドル	639億ドル
株価	170.29ドル	2020/9	2,745億ドル	662億ドル
自己資本比率	14.3%	2021/9	3,658億ドル	1,089億ドル
配当利回り	0.56%	2022/9	3,943億ドル	1,194億ドル

一般消費財	**コカ・コーラ(KO)**	決算期	売上	営業利益
値上がり・配当期待	ノン・アルコール飲料の世界最大メーカー	2018/12	318億ドル	87億ドル
		2019/12	372億ドル	100億ドル
株価	56.15ドル	2020/12	330億ドル	89億ドル
自己資本比率	25.9%	2021/12	386億ドル	103億ドル
配当利回り	3.28%	2022/12	430億ドル	109億ドル

一般消費財	**プロクター・アンド・ギャンブル(PG)**	決算期	売上	営業利益
値上がり・配当期待	米国の一般消費財メーカー大手「P&G」	2019/6	676億ドル	54億ドル
		2020/6	709億ドル	157億ドル
株価	149.26ドル	2021/6	761億ドル	179億ドル
自己資本比率	39%	2022/6	801億ドル	178億ドル
配当利回り	2.52%	2023/6	820億ドル	181億ドル

医療関連	**ジョンソン&ジョンソン(JNJ)**	決算期	売上	営業利益
値上がり・配当期待	一般用医薬品などの治療薬を製造・販売	2019/1	815億ドル	319億ドル
		2020/1	820億ドル	323億ドル
株価	147.03ドル	2021/1	825億ドル	320億ドル
自己資本比率	40.9%	2022/1	937億ドル	392億ドル
配当利回り	3.24%	2023/1	949億ドル	390億ドル

資本財	**スリーエム(MMM)**	決算期	売上	営業利益
配当期待	産業・生活・ヘルスケア分野大手	2018/12	327億ドル	72億ドル
		2019/12	321億ドル	61億ドル
株価	89.52ドル	2020/12	321億ドル	71億ドル
自己資本比率	31.8%	2021/12	353億ドル	73億ドル
配当利回り	6.70%	2022/12	342億ドル	65億ドル

2023年10月31日時点

成長投資枠での「次」の投資先として!

ETFのおすすめ銘柄

全世界株式ETF

バンガード・トータル・ワールド・ストックETF(VT)

世界中の経済成長の恩恵を得られるETF。1本買うだけで世界49カ国の大中小型株9500銘柄に分散投資できます。それでいて経費率も0.07%と、0.1%を切る安さとなっています。純資産総額・取引高も圧倒的です。

経費率	0.07%
終値	90.02ドル
純資産総額	272億ドル
トータルリターン	5年 6.46%　10年 7.69%
直近分配金利回り	1.80%
連動する指標	FTSEグローバル・オールキャップ

米国株ETF

バンガード・トータル・ストック・マーケットETF(VTI)

米国の大中小型株4000銘柄に投資したのと同様の効果が得られるETF。米国市場の時価総額約100%をカバーできます。経費率も0.03%と破格の安さで、純資産総額・取引高も非常に多くなっています。

経費率	0.03%
終値	205.46ドル
純資産総額	2,957億ドル
トータルリターン	5年 9.05%　10年 11.22%
直近分配金利回り	1.55%
連動する指標	CRSP USトータル・マーケット・インデックス

米国株(S&P500)ETF

バンガード・S&P500ETF(VOO)

米国の株式市場の約80%をカバーするS&P500に連動するETFです。米国経済の成長とともに右肩上がりで成長する期待ができます。経費率も0.03%と非常に安いうえ、純資産総額・取引高も非常に多くなっています。

経費率	0.03%
終値	381.86ドル
純資産総額	3,164億ドル
トータルリターン	5年 9.87%　10年 11.86%
直近分配金利回り	1.56%
連動する指標	S&P500

米国株(ナスダック100)ETF

インベスコ・QQQ 信託シリーズ1(QQQ)

NASDAQ100と連動を目指すETFです。成長力の高い企業を多く組み込んでいます。2007年末～2022年末までの15年間の運用成績は、米国の代表的な株価指数「S&P500」を上回っています。

経費率	0.20%
終値	349.20ドル
純資産総額	1,936億ドル
トータルリターン	5年 16.86%　10年 16.49%
直近分配金利回り	0.61%
連動する指標	NASDAQ100

米国高配当株ETF

バンガード・米国高配当株式ETF（VYM）

大型株のうち配当利回りが市場平均を上回る銘柄で構成される米国高配当株ETFです。金融、生活必需品、ヘルスケアなど400銘柄以上を組み込んでおり、分散投資されています。値上がり益も配当も期待できます。

経費率	0.06%
終値	99.81ドル
純資産総額	457億ドル
トータルリターン	5年 6.83%　10年 9.40%
直近分配金利回り	3.14%
連動する指標	FTSE High Dividend Yield Index

米国高配当株ETF

iシェアーズ・コア 米国高配当株 ETF（HDV）

高配当株で構成される指標に連動するETFです。財務が健全な銘柄を絞り込んで組み入れています。組み入れ上位銘柄にはヘルスケアや情報技術など、配当はもちろん長期的な値上がりも狙える業種が多くあります。

経費率	0.08%
終値	94.89ドル
純資産総額	96億ドル
トータルリターン	5年 5.70%　10年 7.95%
直近分配金利回り	4.54%
連動する指標	Morningstar Dividend Yield Focus

米国増配株ETF

バンガード・米国増配株式ETF（VIG）

大型株で連続10年以上増配実績がある銘柄に投資する米国増配株ETFです。情報技術、金融、ヘルスケアなどの銘柄を300以上組み込んでいます。トータルリターンは直近5年・10年で年9%を超えています。

経費率	0.06%
終値	151.90ドル
純資産総額	650億ドル
トータルリターン	5年 9.05%　10年 10.54%
直近分配金利回り	2.03%
連動する指標	S&P U.S. Dividend Growers Index

金ETF

SPDRゴールド・シェア（GLD）

金（金地金）の価格に連動するETF。金ETFの中で世界最大の規模を誇ります。金は、株式とはまた違う値動きを見せるため、株式との分散投資で安定的にお金を増やすのに向いています。

経費率	0.40%
終値	185.10ドル
純資産総額	551億ドル
トータルリターン	5年 9.83%　10年 3.63%
直近分配金利回り	-
連動する指標	London gold fixing

2023年10月31日時点　トータルリターンはドルベース（年率）のもの

Column

金融機関の「おすすめ」は危険！

日本では長らく銀行預金が最善の預け先で、コツコツ貯めることこそが美徳とされてきた感があります。そのため、これまで投資をしたことがない人は、つい金融機関のおすすめ商品や「おすすめ商品ランキング」の上位商品を買ってしまうかもしれません。しかし、これこそが金融機関の「罠」なのです。

金融機関に足を運ぶと、誠実そうな営業マン（担当者）が親身に話を聞いてくれます。もちろん無料です。そして、ひとしきり話を聞いたあと、悩みを解決できる（と豪語する）投資信託を勧めてくれます。ここで「なんて優しい人だろう」と思った方は要注意。営業マンはその金融機関の社員ですから、手数料が高い商品や、ノルマを達成するための商品など、自分たちに利益が大きいものを優先的に勧めてくるかもしれないのです。そうした商品をもし買ってしまったら、彼らの思うつぼだというわけです。

また、金融機関に行くとよくある「おすすめ商品ランキング」も同様です。ある銀行の壁に貼り出されている人気ランキングには、おおよそ人には勧められない商品がずらりと並んでいました。いずれも手数料が高く、利益の出しにくいものばかりです。つまり、この人気ランキングは金融機関側が売りたい商品のランキングになっていると思われるのです。そもそもリスクをどのくらいとれるのかは人によって違うのに、大きく貼り出されるのも不思議です。そこにはやはり、集団心理で「人気があるなら大丈夫（買いたい）」という気にさせようとする意図を感じます。

もちろん、内容がよくて、多数の投資家から支持される投資信託もあります。しかし、そうした投資信託は、まず金融機関の窓口で勧められることはないと心得ておくべきでしょう。

そもそも金融機関の「おすすめ」は「自分たち（金融機関）の利益を増やす」意味でのおすすめだとご理解ください。

第5章

新NISAとiDeCoを最大限活用する投資戦略

新NISAとiDeCoの2つの制度を最大限活用する方法、
運用スタート後のお悩みの解決、
そして運用で増やしたお金を将来どう取り崩すか。
長期間に及ぶこの両制度との付き合い方を
ピックアップして解説していきます。

―あれから1年―
先生
先生のおかげでNISAで利益がでています！
ありがとうございます！
ホクホク
いらっしゃい
私もです！
iDeCoで年金部分は準備しているので安心して成長投資枠で株式に投資できています！
株主優待がうれしくて…！
優待で選んじゃう
化粧水
割引券
商品券
優待券
最近 夫もiDeCoを始めたんですよ！
フリーライターだから厚生年金はもらえないし…と不安もあったのですがiDeCoのおかげで順調に積立できています
わーい
諒太さんはどうですか？
俺は二人みたいに両方に回す資金はないのでつみたて投資枠だけですけど
どうなっているのかは全然わかんないです！
ほがらかっ
え!?

あんた自分のお金がどうなっているか気になったりしないの⁉
オンラインで確認できるんだからチェックしなよ！
私なんて利益でてると毎日見ちゃう
毎日って…
香ってヒマなの？
うーんだって自動で給与口座から引き落とされていくから自分で関与することないし…
まかせて！
BANKくん
関与しろよ！
まぁ 確かに放っておけるのが積立投資のメリットのひとつですが…
トホホ
それでも半年に1回ぐらいは運用状況を確認したほうがいいですよ
あっ損失！
Pc
自分が投資している商品の状況を確認して場合によっては商品を変えるのも大切ですからね
なるほど…

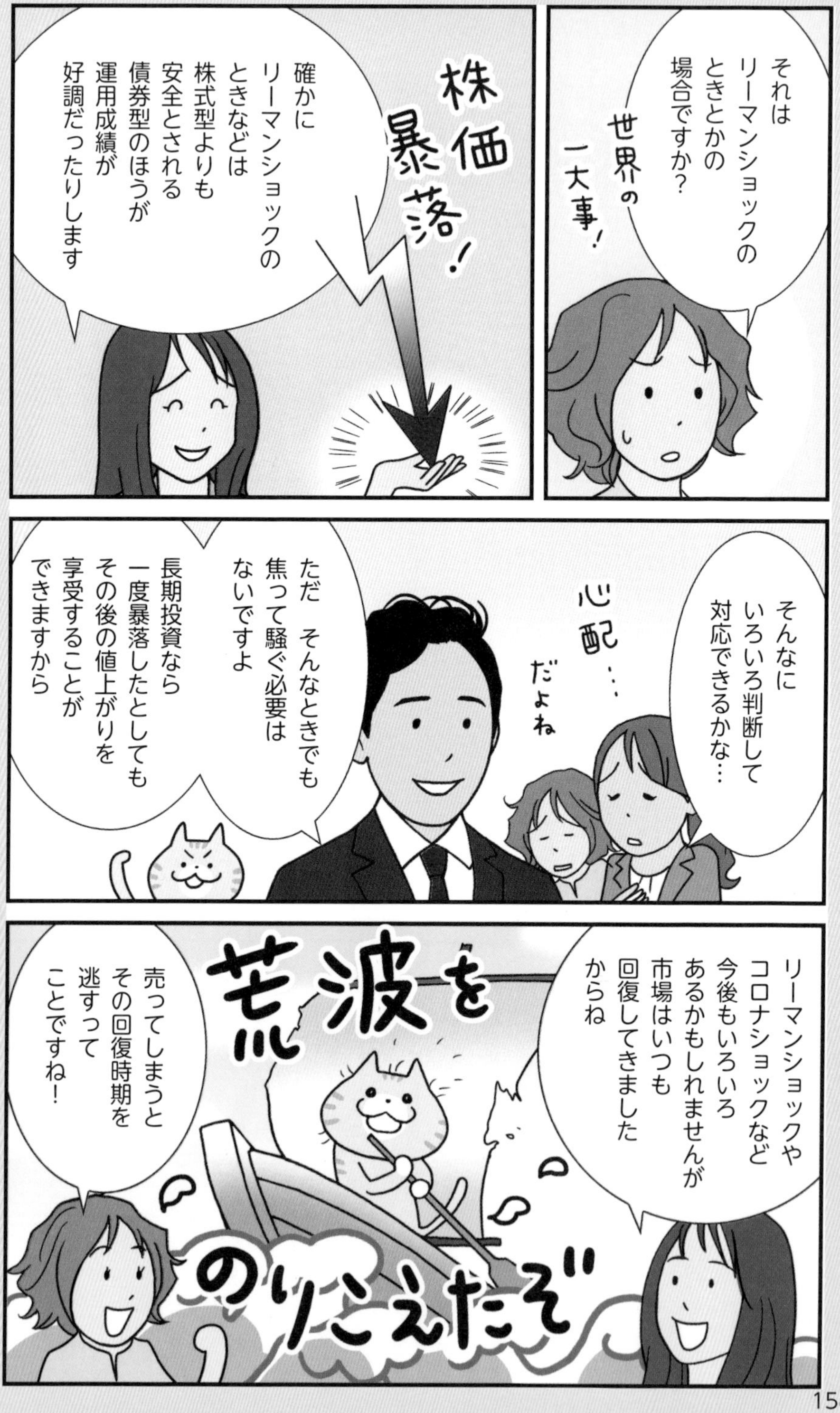
それはリーマンショックのときとかの場合ですか?
世界の一大事!
株価暴落!
確かにリーマンショックのときなどは株式型よりも安全とされる債券型のほうが運用成績が好調だったりします
そんなにいろいろ判断して対応できるかな…
心配…
だよね
ただ　そんなときでも焦って騒ぐ必要はないですよ
長期投資なら一度暴落したとしてもその後の値上がりを享受することができますから
リーマンショックやコロナショックなど今後もいろいろあるかもしれませんが市場はいつも回復してきましたからね
荒波をのりこえたぞ
売ってしまうとその回復時期を逃すってことですね!

だからほら！俺がやることなんてないじゃん！
気軽ー
オイ…
いやでも…自分のお金に興味を持とうよ…
最近はYouTubeの登録者数も15人に増えたし俺　運が向いてる気がするので大丈夫です！
買っただけで満足しないで投資後にもやるべきことがまだまだあるってことですね
人生何が起こるかわかりませんからね
長期投資ならその間にライフスタイルも変わるでしょうし
そうですよねー
お前が言うな
ガク
ガク
では最後に2つの制度の最適な活用法と長く付き合うための秘訣をお話ししましょうか
お願いしまーす‼

Topic 1

ポートフォリオの考え方

自分にあった資産配分を考えよう

複数の資産を組み合わせよう

ポートフォリオとは、保有資産の組み合わせのことです。リスクを抑え、堅実に資産を増やしていくには、**ひとつの商品のみに投資するのではなく、値動きの異なる複数の商品に分散投資することが重要**です。

投資の格言に「卵はひとつのカゴに盛るな」というものがあります。もし、卵をひとつのカゴに盛ってしまうと、そのカゴを落としたときに全部割れてしまいます。しかし、複数のカゴに分けてあれば、どれかを落としたとしても他のカゴの卵は無事です。資産も卵と同じで、複数のカゴに分けておくことで、値動きが安定するのです。

自分流のポートフォリオを作る

複数の資産の組み合わせ方次第で、**ポートフォリオはローリスクにもハイリスクにもなり、期待できるリターンも変わります。**

一般的に、投資する資産のリスクは債券より不動産、不動産より株式のほうが高くなります。同様に、投資先の国のリスクは国内より先進国、先進国より新興国のほうが高くなります。つまり、**ポートフォリオに株式や外国資産が多いほどリスクが高くなる**といえるのです。これを踏まえて、自分の目標やリスク許容度をもとにポートフォリオを作ることが大切です。168ページでポートフォリオの例を紹介します。

Memo

iDeCoの場合、元本確保型の商品だけではお金は増えません。それでも、リスクはなるべく取りたくない、という場合には、資産の一部は元本確保型の商品にすることで、リスクを小さくしたり、守りながら攻めたりできます。

分散投資でリスクを軽減

●卵はひとつのカゴに盛るな

卵をひとつのカゴに盛ると、落としたときにすべて割れてしまいます。それを防ぐにはカゴを分けるべき。資産も同じく、値動きの異なる複数の商品に分散すると、リスクが抑えられます。

●リスクとリターンはポートフォリオで変わる

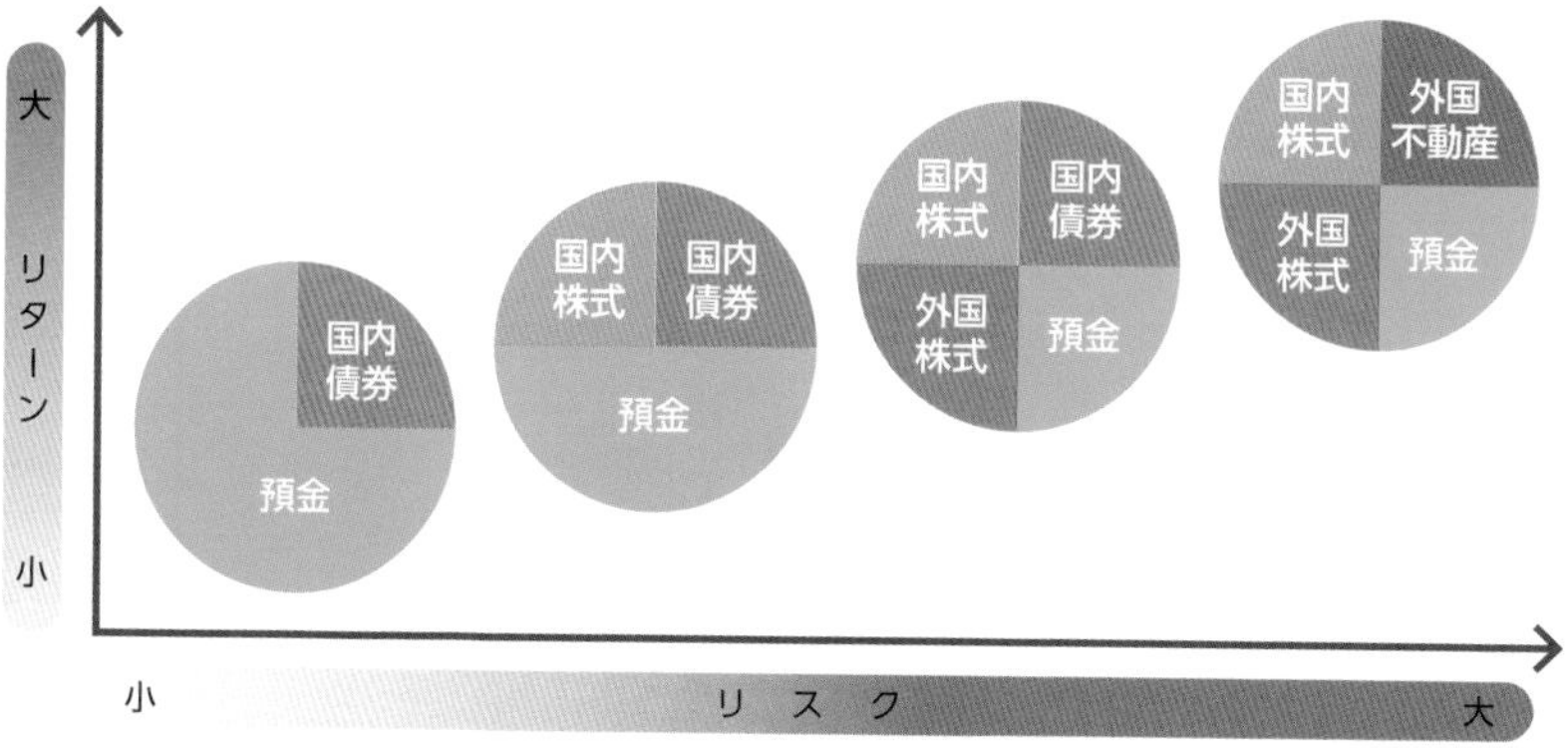

預金や債券など、リスクが低いものを選べばローリスク・ローリターンになり、株式や外国の資産を選ぶほどにハイリスク・ハイリターンになります。また、さまざまな資産を組み入れることで、分散投資の効果も高まります。

Topic 2

お金を減らさずに増やす方法が知りたい！

コア・サテライト戦略で資産を増やす

プロも実践する投資戦略

コア・サテライト戦略は、お金を減らさずに増やすことを目指す戦略。自分の資産を長期安定成長の**「コア資産」と積極運用の「サテライト資産」に分けて運用します。**

実は、コア・サテライト戦略は、銀行・生損保などのプロの機関投資家も採用する投資戦略。機関投資家は、コア・サテライト戦略を活用して資産配分を決めています。実際、**運用成績のほぼ9割は資産配分で決まると多くのレポートで証明されています。**

機関投資家はそのことを知っているため、決めた資産配分にしたがって、投資を粛々《しゅくしゅく》と行っているのです。

守りながら攻める投資ができる

コア・サテライト戦略では、**資産の7割から9割をインデックスファンド・バランスファンドなどのコア資産、残りの1割から3割を株式やアクティブファンドのサテライト資産に分けて運用します。**いずれもNISAやiDeCoを利用し税金を減らしながら効率よく投資します。

コア資産とサテライト資産の違いは、リスクの大きさです。**コア資産はリスクが控えめの「守りの資産」、サテライト資産はリスクが高めの「攻めの資産」。**守りを固めつつ攻めることで、お金を減らさずに増やすことができます。

Memo

これから投資を始めるなら、まずはコア資産を築くことが大切です。P26で解説した長期・積立・分散投資を意識して、多少の値下がりには動じず、じっくりコツコツと取り組みましょう。

コア・サテライト戦略を実践しよう！

コア・サテライト戦略のイメージ

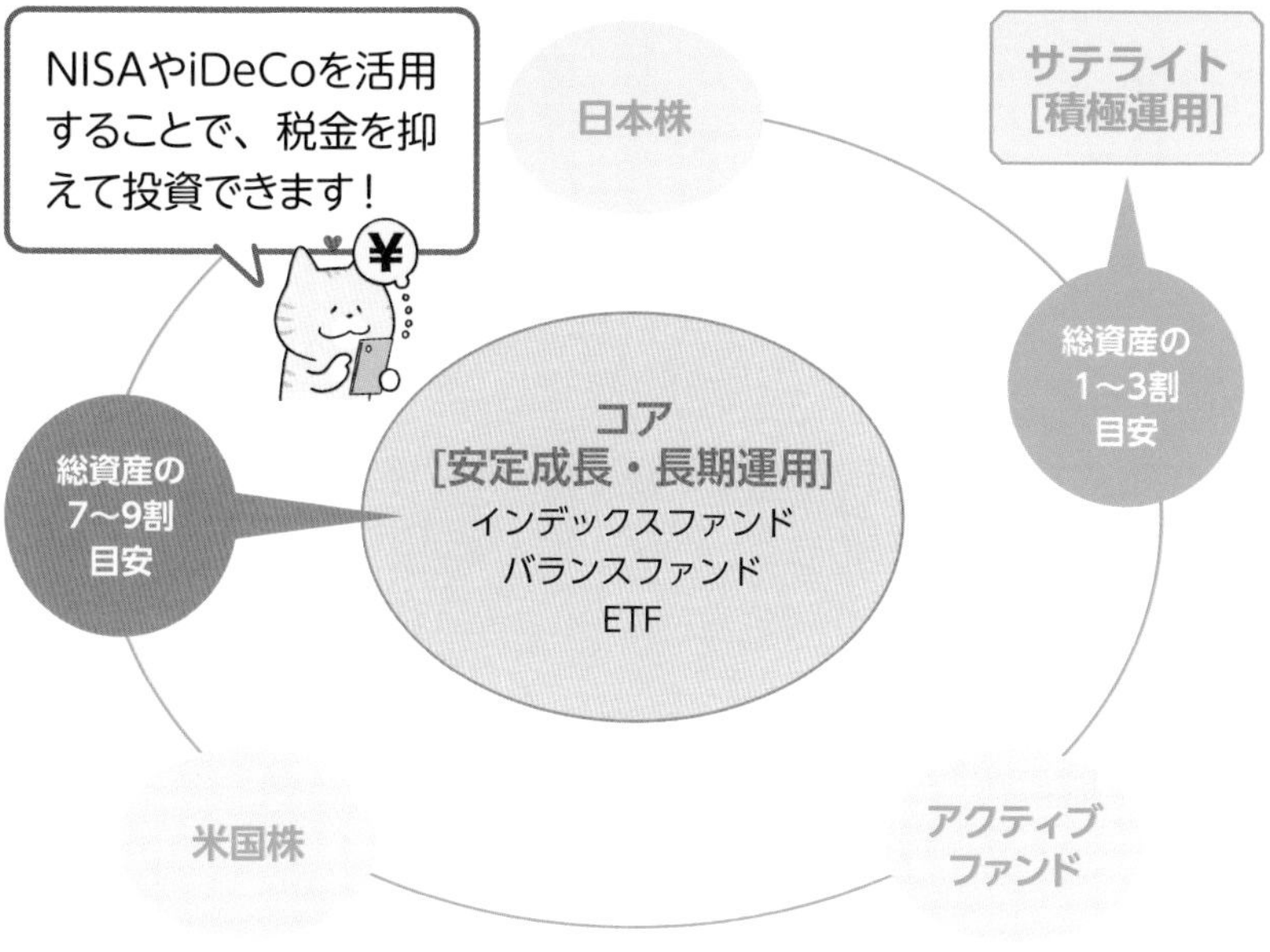

コア資産とサテライト資産は違う役割を持つ

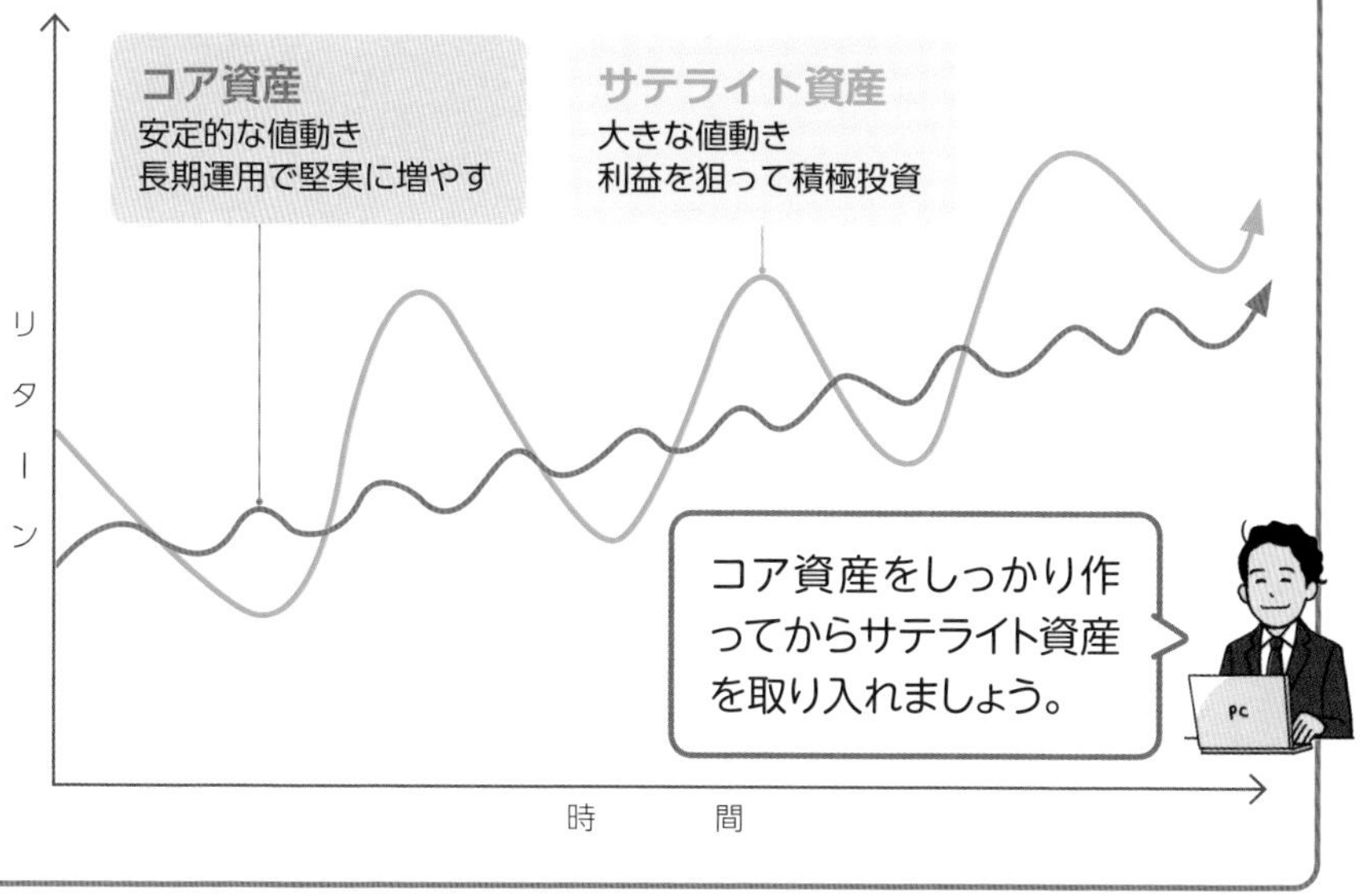

Topic 3

新ＮＩＳＡを最大限活用できる4つの方法

自分にあったＮＩＳＡの投資戦略は？

まずはコア資産から作ろう

ＮＩＳＡの活用方法としては、次のパターンが考えられます。

①つみたて投資枠だけでコア資産を作る

これから投資を始めるなら、つみたて投資枠だけを活用してコア資産を作りましょう。リスク許容度にあわせてインデックスファンドまたはバランスファンドに投資します。

②つみたて投資枠と成長投資枠でコア資産

つみたて投資枠でインデックスファンド、これに加えて成長投資枠でしか購入できないインデックスファンド（→Ｐ１４０）やＥＴＦを活用するという戦略もあります。

資産が増えたらサテライト資産も！

③投資信託と株式でコア・サテライト戦略

コア資産が潤沢になったら、成長投資枠で個別株に投資してもよいでしょう。成長投資枠では、タイミングを計った一括投資でも、積立投資でもＯＫです。

④高配当株・連続増配株に投資

定年後は一般に資産を切り崩しますが、資産が減っていく様子を見ているだけだと、不安になりがちです。資産の一部を高配当株・連続増配株にすると配当金の形で不労所得が得られます。高配当株ＥＴＦ・増配株ＥＴＦ（→Ｐ１５２）の活用も検討しましょう。

用語解説

不労所得：働かずに得られる所得のこと。株式から得られる配当金、投資信託から得られる分配金、不動産を貸し出すことで得られる家賃などが当てはまる。

NISAの投資戦略を考えよう

●4つのNISA投資戦略

投資戦略① つみたて投資枠だけでコア資産

つみたて投資枠	成長投資枠
インデックスファンド バランスファンド	利用しない

つみたて投資枠だけでも1,800万円まで投資可能。コア資産が少ないうちはつみたて投資枠から利用しよう！

投資戦略② つみたて投資枠と成長投資枠でコア資産

つみたて投資枠	成長投資枠
インデックスファンド バランスファンド	インデックスファンド ETF

つみたて投資枠で1,200万円、成長投資枠で600万円などと分けて投資できます。

投資戦略③ 投資信託と株式でコア・サテライト戦略

つみたて投資枠	成長投資枠
インデックスファンド	株式 （日本株・米国株）

成長投資枠は4章で紹介した好業績銘柄への投資に向いているよ！

投資戦略④ 高配当株・連続増配株に投資

つみたて投資枠	成長投資枠
インデックスファンド	高配当株 連続増配株 高配当株ETF 連続増配株ETF

高配当株・連続増配株に投資することで、年金とは別に不労所得が入ってくる状態を作り出せます。

Topic 4

新ＮＩＳＡとｉＤｅＣｏを併用したい！

投資金額が多いなら2つの制度をかしこく併用

投資金額は多いほうがいい

ＮＩＳＡは、たった１００円からでも投資できる金融機関もあります。ｉＤｅＣｏも５０００円から取り組めます。少額から試せるのは安心ですが、**お金を増やすなら、できるだけ多くの資金で投資をしたほうがいいでしょう。**

投資金額が5倍・10倍になれば、受け取れる利益も5倍・10倍に。非課税になる金額もその分大きくなります。

もちろん、家計に支障が出るような無理な投資は禁物です。無理のない金額で積み立てをし、慣れてきたら少しずつ金額を増やしていきましょう。

ＮＩＳＡとｉＤｅＣｏを併用する

月10万円など、まとまった金額が投資できるなら、ＮＩＳＡとｉＤｅＣｏを併用してみましょう。併用することで、**所得控除による節税効果を得ながらお金を増やすことができます。**たとえば、企業年金のない会社員なら、月2万３０００円をｉＤｅＣｏ、残りの7万７０００円をＮＩＳＡで投資します。所得税率20％・住民税率10％の人の場合、ｉＤｅＣｏの効果で税金は年8万２８００円安くなります。月10万円の積み立てができる家計なら、所得税率も高いはずです。所得控除の効果は、**所得税率が高いほど大きくなります。**

Memo

所得税率は「超過累進税率」により決まり、所得に応じて5～45%までの7段階に分かれています。仮に所得税率45%・住民税率10%の人が月2万3,000円ずつiDeCoの掛金を出すと、税金は年15万1,800円安くなる計算です。

投資額が多いと利益も多くなる

●NISAで得られる利益は投資額でどのくらいになる？

例：NISAで毎月3万円・5万円・10万円・15万円・30万円投資して
年3%の利益が得られた場合の資産額の推移・合計

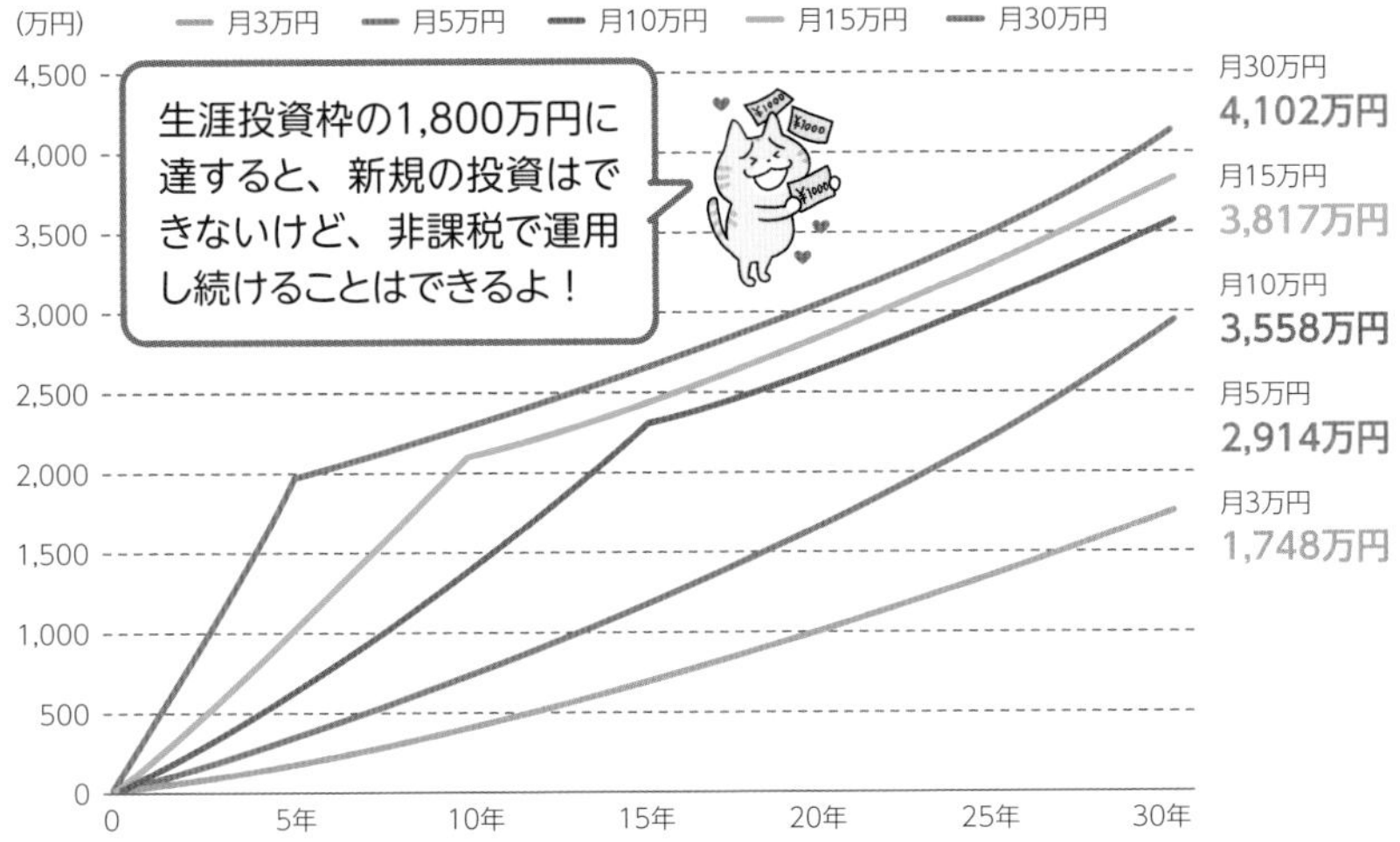

●NISAとiDeCoを併用した場合の効果

例：NISAに月7.7万円、iDeCoに月2.3万円、15年間投資して
年利3%節税額も含めた合計額は？

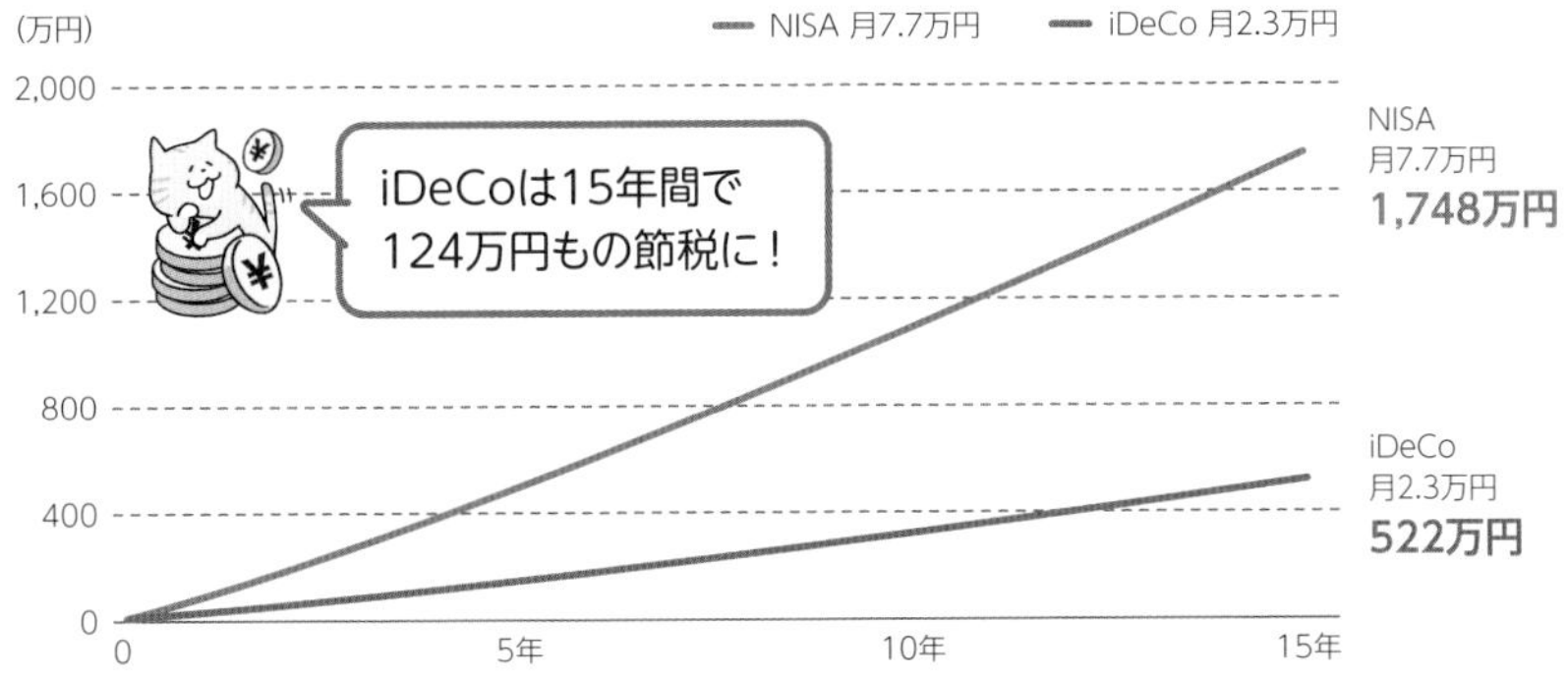

- NISA ……………… 1,748万円
- iDeCo ……………… 522万円
- 所得控除の節税額 …… 124.2万円

合計 2,394.2万円！

※所得税率20%（住民税率は一律10%）として計算

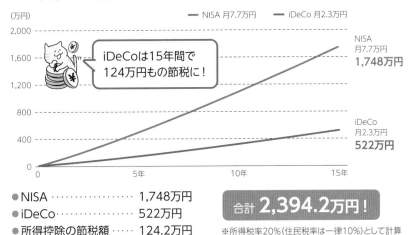

両制度を併用したい人向け!

新NISA&iDeCoポートフォリオ作成例

ポートフォリオ例①	
堅実に増やしたい方向け	債券を入れて安定的にお金を増やす

NISA つみたて投資枠のみを利用

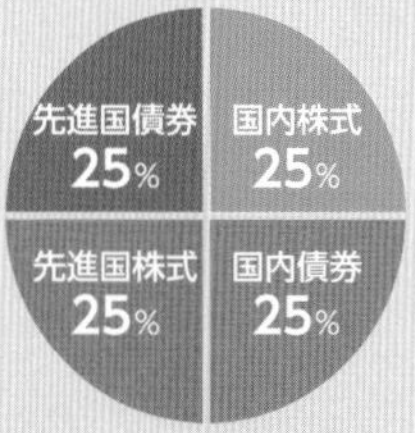

ニッセイ・インデックスバランスファンド(4資産均等型)(100%)

iDeCo

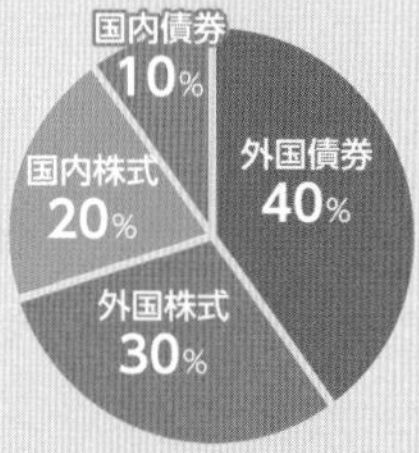

eMAXIS Slim
先進国債券インデックス(40%)
先進国株式インデックス(30%)
国内株式(TOPIX)(20%)
国内債券インデックス(10%)

つみたて投資枠では「ニッセイ…」の4資産均等型に投資すると、比較的ローリスク・ローリターンの安定的なポートフォリオが実現します。iDeCoでは人気の「eMAXIS Slim」シリーズの4本を活用。リターンを見込めない国内債券の比重を少し減らし、その分株式や外国株を増やしているよ!

ポートフォリオ例②	
やや積極的に増やしたい方向け	インデックス+バランスで利益を狙う

NISA つみたて投資枠のみを利用

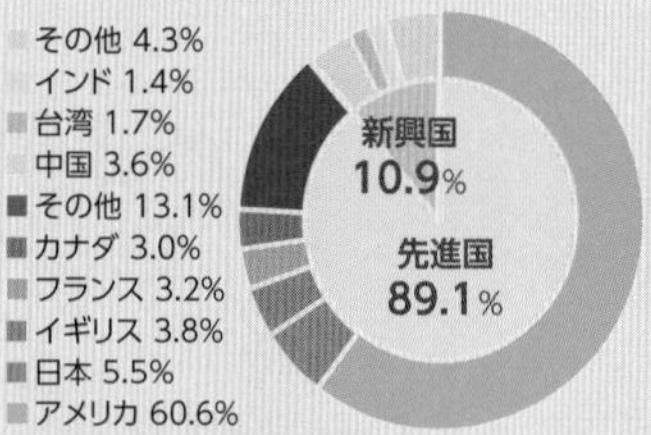

eMAXIS Slim全世界株式(オール・カントリー)(100%)

iDeCo

eMAXIS Slimバランス(8資産均等型)(100%)

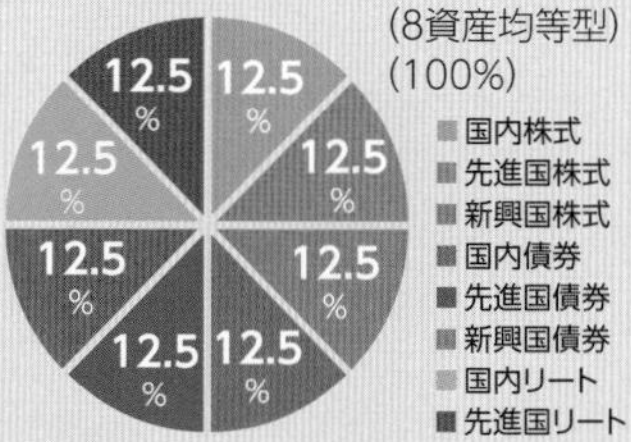

※目論見書より作成(2023年3月末現在)

つみたて投資枠では「オール・カントリー」で全世界の企業の成長力の恩恵を受けながらコツコツ増やします。一方、iDeCoは75歳までに受け取り開始という期限を考慮して、バランスファンド「eMAXIS Slimバランス(8資産均等型)」で株式・債券・不動産に幅広く分散させて安定成長をめざします。

ポートフォリオ例③ 積極的に増やしたい方向け	成長投資枠で投信・ETFを積極運用

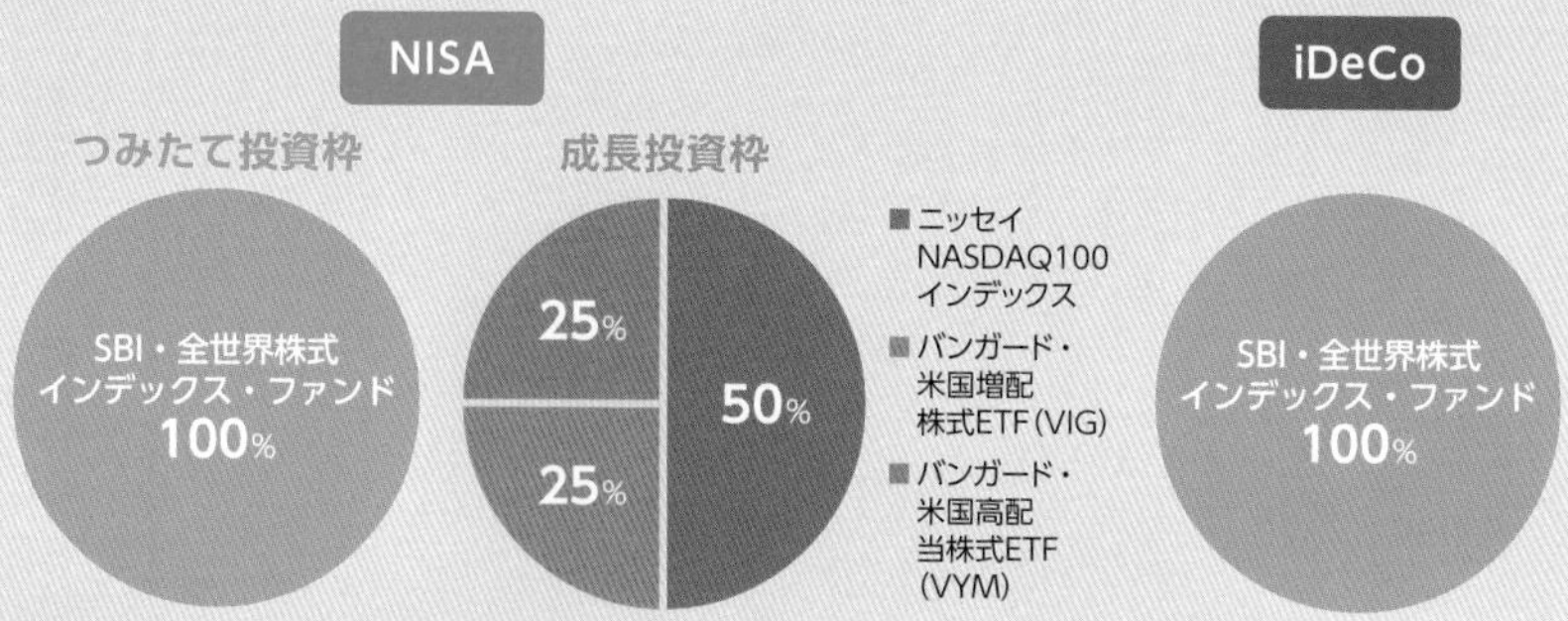

つみたて投資枠とiDeCoでは世界の株式市場の98%をカバーする「SBI・全世界株式…」を利用してお金を堅実に増やします。加えて、成長投資枠では成長力の高い企業を多く含む「ニッセイNASDAQ…」、連続増配株ETF「VIG」と高配当株ETF「VYM」を組み入れて利益の上乗せを狙います。

ポートフォリオ例④ 積極的に増やしたい方向け	成長投資枠で個別株投資

NISA

パターン1

つみたて投資枠	成長投資枠
eMAXIS Slim全世界株式(除く日本)	日本株

パターン2

つみたて投資枠	成長投資枠
楽天・全世界株式(除く米国)インデックス・ファンド	米国株

iDeCo

eMAXIS Slim全世界株式(オール・カントリー)またはSBI・全世界株式インデックス・ファンド

つみたて投資枠とiDeCoはインデックスファンド、成長投資枠では個別株を購入。成長投資枠で日本株を買う場合には投資信託は「除く日本」、米国株を買う場合には投資信託は「除く米国」のものを選ぶと、分散投資の効果が高まるよ!

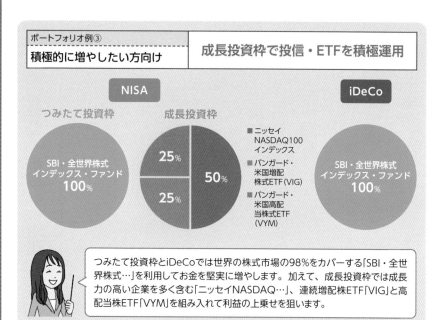

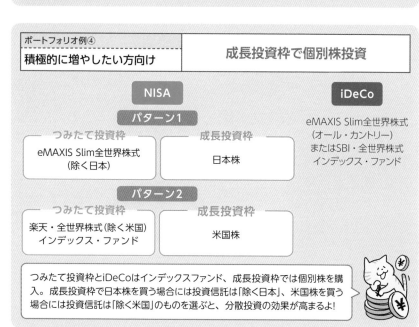

Topic 5

お金、きちんと増えていますか?

半年に1度は運用状況を確認しよう

ウェブ上で資産残高をチェック

ＮＩＳＡでもｉＤｅＣｏでも、スタートしたら気になるのは、自分のお金が増えているか(減っていないか)でしょう。

取引の状況はウェブサイトで確認するのが手軽です。とはいえ、株のデイトレーダーでもないのですから、毎日チェックする必要はありません。**年に1回、できれば半年に1回確認**すればＯＫです。

自分の口座にログインし、保有商品の一覧を表示すると、現在の資産残高やこれまでに投資した金額(掛金)の額、運用益(運用損)がわかります(損益・評価損益などと書かれる場合もあります)。

基準価額はグラフで確認する

続けて、ウェブサイトなどで**投資信託の基準価額と純資産総額が順調に増えているかを確認**しましょう。仮に運用益がでていたとしても、基準価額や純資産総額が下がると、運用の効率やパフォーマンスが悪くなる可能性があるからです。

各投資信託の紹介ページでは、基準価額・純資産総額の推移がグラフで表示されています。これがともに**右肩上がりになっていればＯＫ**。運用が順調で、投資家からの人気もある投資信託だといえます。

株やＥＴＦなども同様に値動きをグラフで確認しておきましょう。

用語解説

取引状況のお知らせ:iDeCoの拠出金額や資産状況などが記載されている書類。年に1度、金融機関から郵送で届く。なお、つみたてNISAの場合は「取引残高報告書」が届く(電子交付を行う金融機関もある)。

運用状況確認時のチェック項目

●ウェブサイトで残高確認

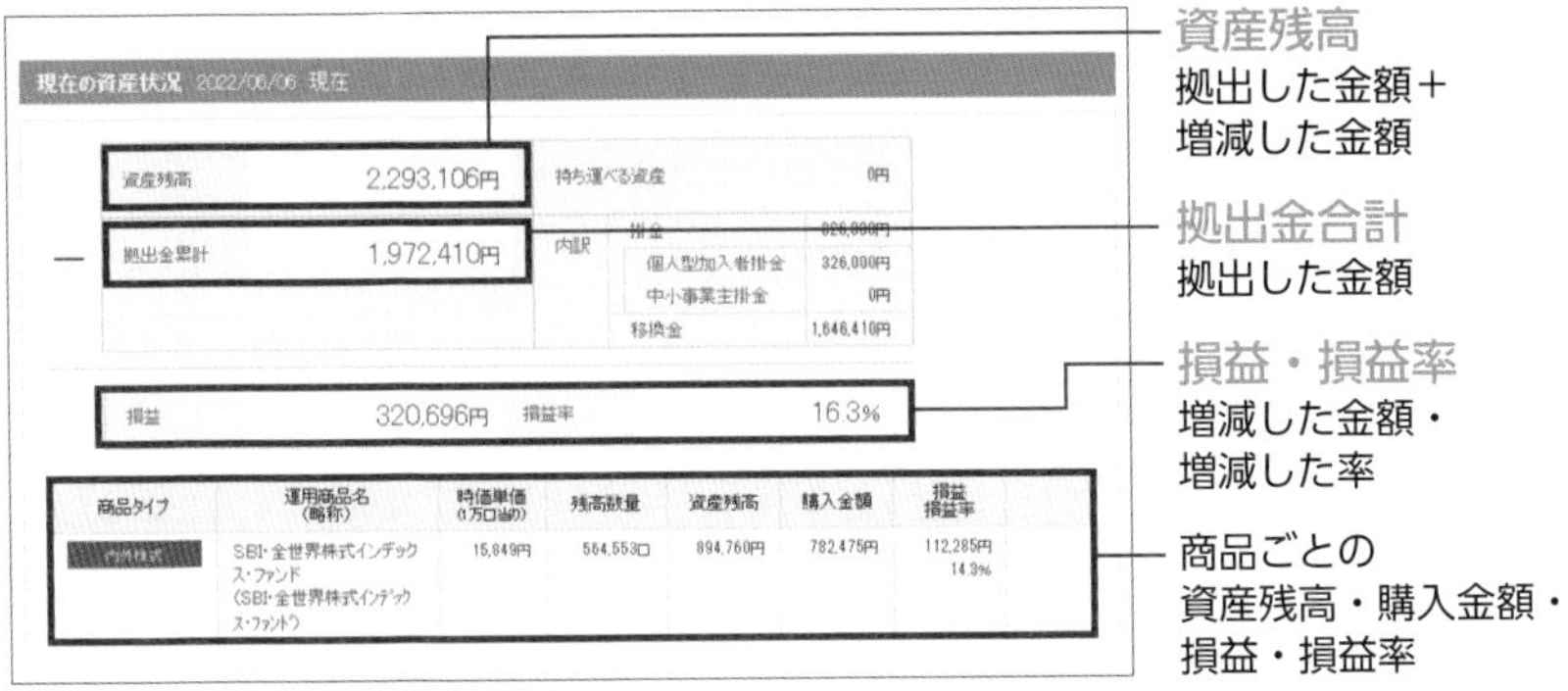

SBIベネフィット・システムズの画面をもとに作成　※サイトにより表示は異なります

複数の商品を買っている場合には、それぞれの商品の割合が変わっていないかも見てみましょう。

●基準価額・純資産総額もチェック

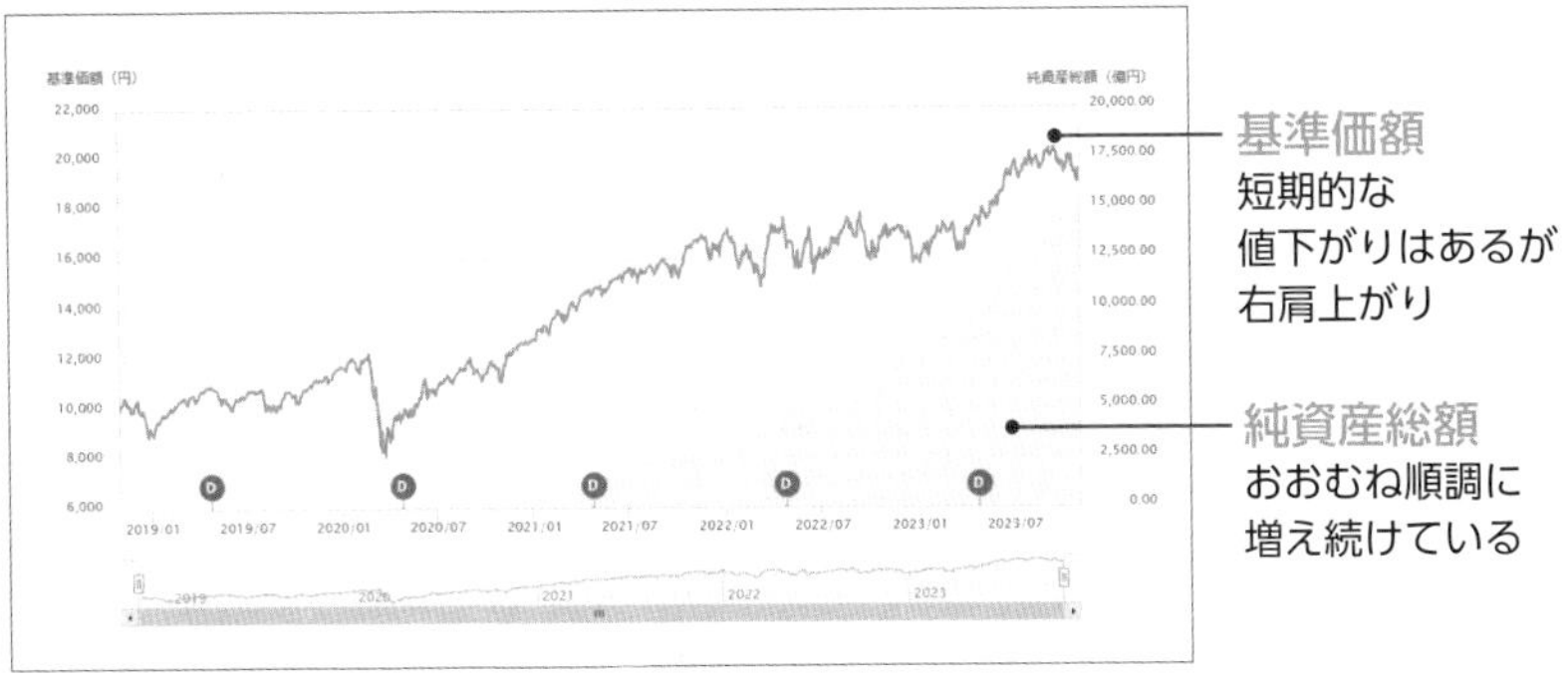

三菱UFJ国際投資「eMAXIS Slim 全世界株式（オール・カントリー）」のチャートより作成

ポートフォリオの資産の比率も要チェック。もし、大きくバランスが崩れているならば、リバランス(P174)を検討しましょう。

Topic 6

お金が減った！ どうしよう…？

値下がりしていたら売るべき？

暴落したら投資信託にも影響が

１７０ページの手順で資産を確認したとき、もし値下がりしていたらどうしますか。値下がりが少しならばまだしも、大きく値下がりしていたら、不安になるかもしれません。バブル崩壊、リーマンショック、コロナショックなど、市場はときに大暴落することがあります。こうしたとき、**無傷でいられる投資信託はほとんどありません。**

たとえば、２０１８年1月から２０２３年10月まで、つみたて投資枠で月１万円ずつ、Ｓ＆Ｐ５００（米国株指数）に投資していたら、左のグラフのとおり元本割れする場面もでてきます。

長期の積立投資で暴落をカバー

値下がりしたからといって、積立投資をストップして売ることはおすすめしません。なぜなら、**売ってしまうと、これから値上がりしたときに資産が回復せず、大きくお金を減らすことになる**からです。

リーマンショックのあった２００８年９月から２０２３年10月までずっと1万円ずつ、先ほどのＳ＆Ｐ５００に投資していたら、元本１８２万円が６２５万円に増えている計算になります。もちろん、これからも必ずこのように回復するとはいえません。しかし、**積立投資こそ暴落をカバーできる有力手段**なのです。

用語解説

リーマンショック：アメリカの投資銀行、リーマン・ブラザーズが経営破綻したことで発生した金融危機。世界的に株価が下落し、景気が悪化した。

投資は長期目線で取り組もう

●2018年からS&P500（米国株指数）に月1万円積み立てた場合の推移

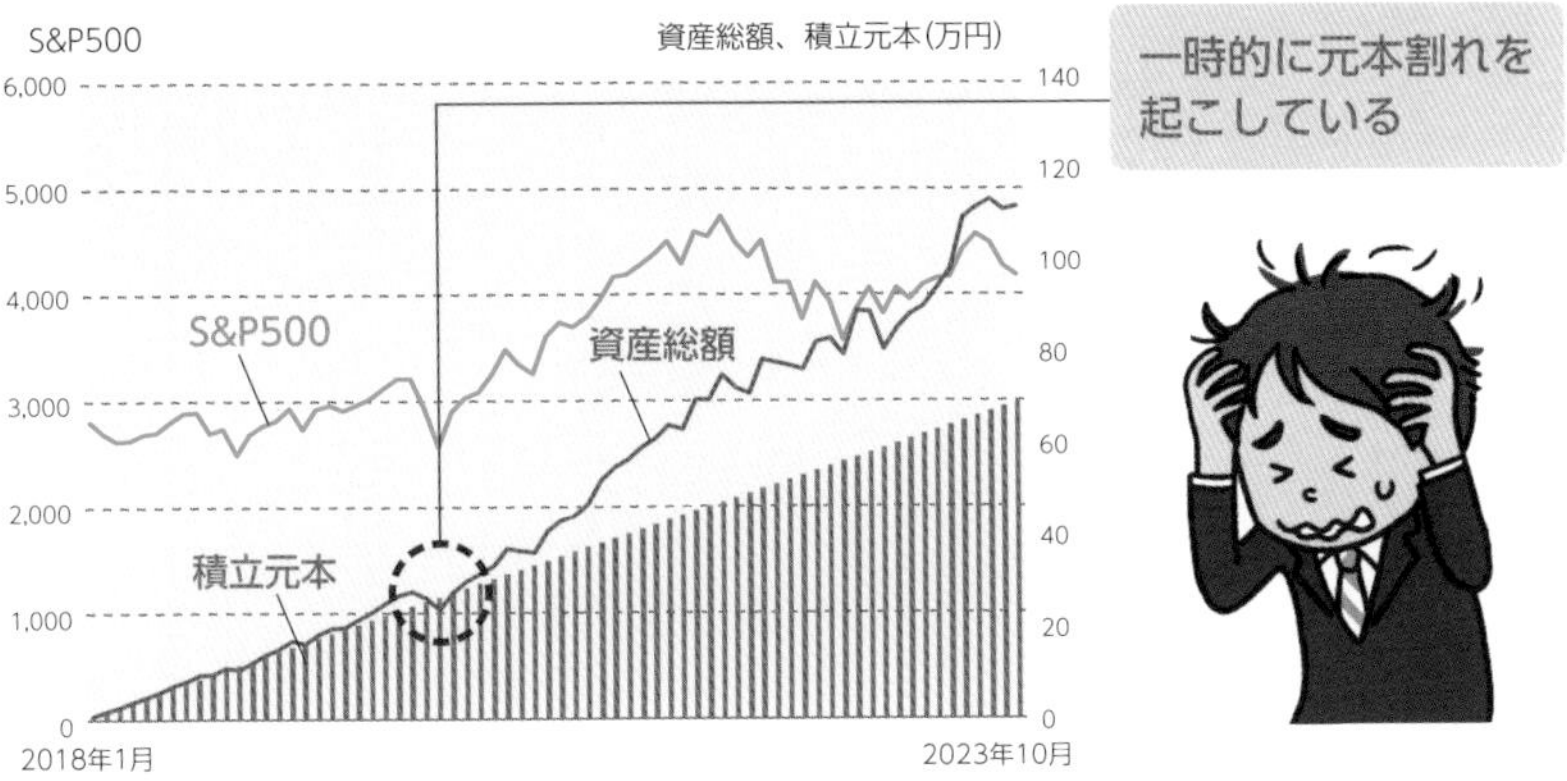

●リーマンショックからS&P500（米国株指数）に月1万円積み立てた場合の推移

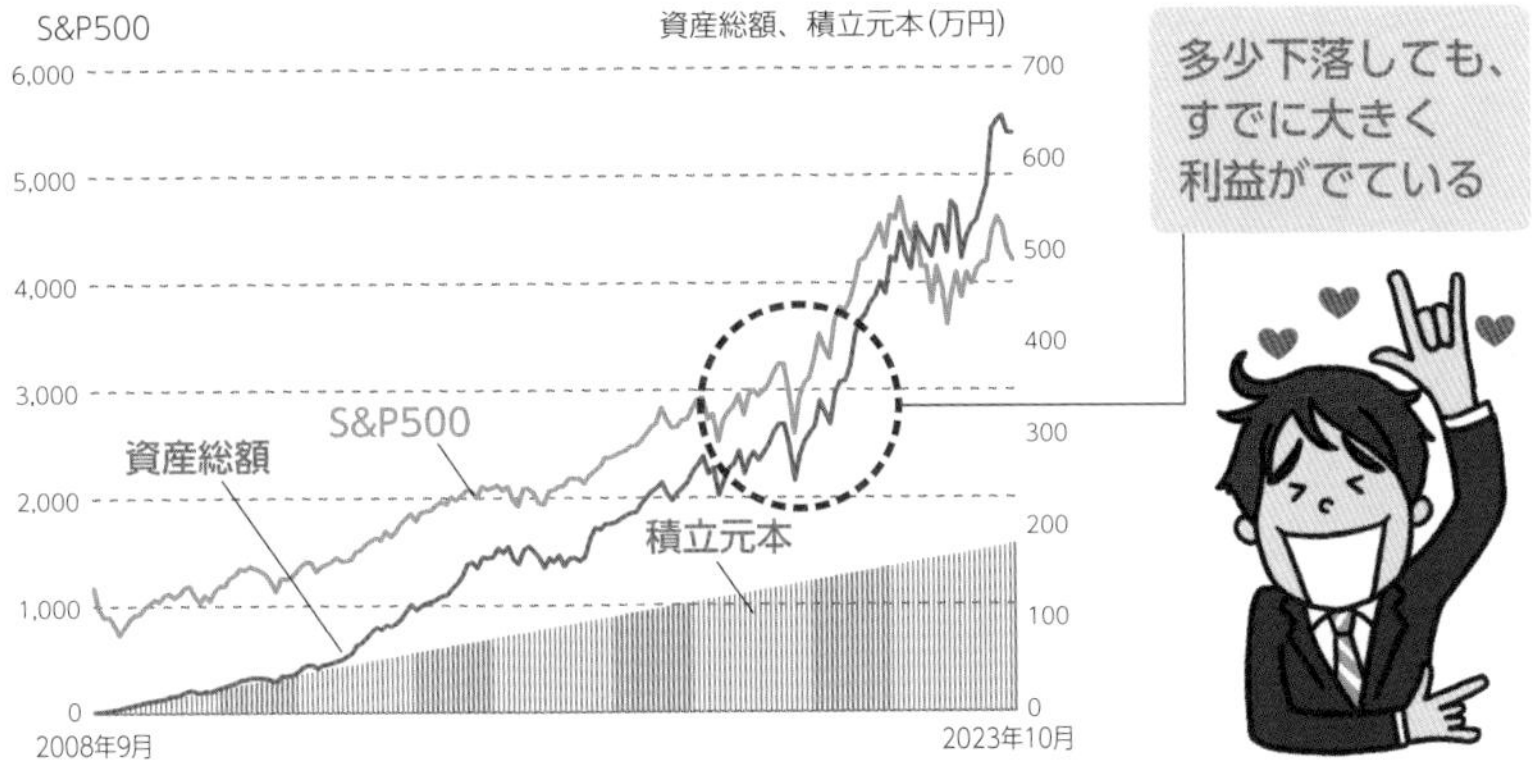

データ出典:S&P500「Investing.com」、為替「東京インターバンク[東京市場]ドル・円スポット」

P54で紹介したドルコスト平均法のことも思い出してください。下落時にたくさん買うことで、平均購入価格が下がるため、値上がり時の利益を大きくする効果があります。

Topic 7

リバランスで過度なリスクを解消

iDeCoなら配分変更・スイッチングもできる

購入資産の比率を変える配分変更

資産配分が大きく変わった場合に行いたいのがリバランスです。**リバランスは、資産配分の偏りを元に戻すこと**です。リバランスをしないでいると、増えた資産が値下がりしたときのリスクが大きくなってしまいます。リバランスをすることで、そうした過度なリスクをなくすことができます。

iDeCoの場合、配分変更やスイッチングを利用して資産配分の偏りを修正できます。**配分変更とは、今ある資産を売らずに、掛金で購入する資産の比率を変更すること**です。たとえば、国内・海外の株式と債券、4種類の資産を25％ずつ購入していたところ、株式が増え、債券が減ってしまったとします。このとき、配分変更を行って買い付ける株式の割合を減らして、債券の割合を増やすと、資産の配分割合は徐々に元に戻っていきます。

スイッチングで資産を入れ替える

一方のスイッチングは、保有する資産を入れ替えることです。たとえば、先ほどの4種類の資産のうち、増えた株式を売って、減った債券を買うことをいいます。

配分変更よりスイッチングのほうが、資産の偏りを早く直すことができます。しかし、スイッチングでは一部の商品で、解約時に手数料がかかる場合があります。

Memo

NISAのつみたて投資枠の商品を1度に切り替えたい場合は、成長投資枠を利用する方法も。成長投資枠では年240万円まで非課税でつみたて投資枠と同じ商品が購入可能で積立投資もできます。

リバランスで資産配分を元に戻す

リバランス　資産配分の偏りを元に戻すこと。資産配分が偏ることで生まれる過度なリスクをなくすことができる。配分変更とスイッチングの2つの方法がある

●配分変更

毎月の掛金１万円

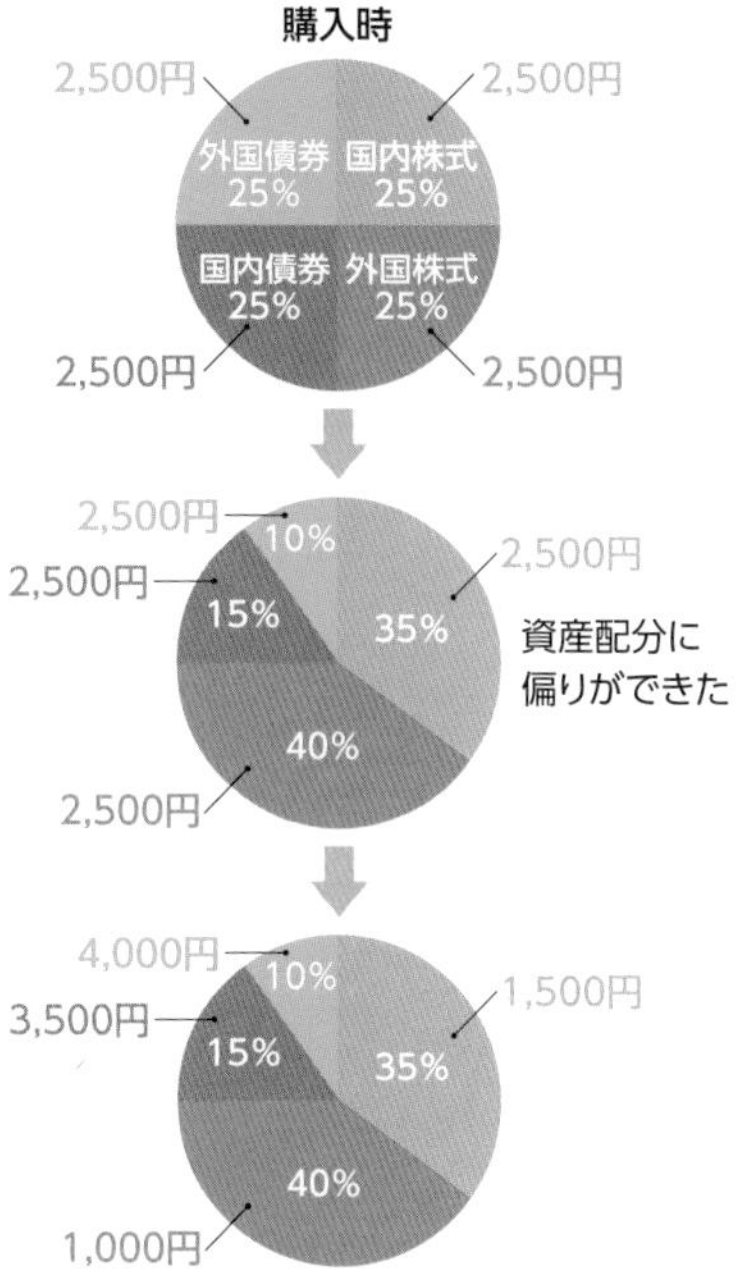

毎月の投資金額の配分を変更して、資産の比率を元に戻す。手数料はかからないが、比率が戻るまでには時間がかかる。

●スイッチング

毎月の掛金１万円

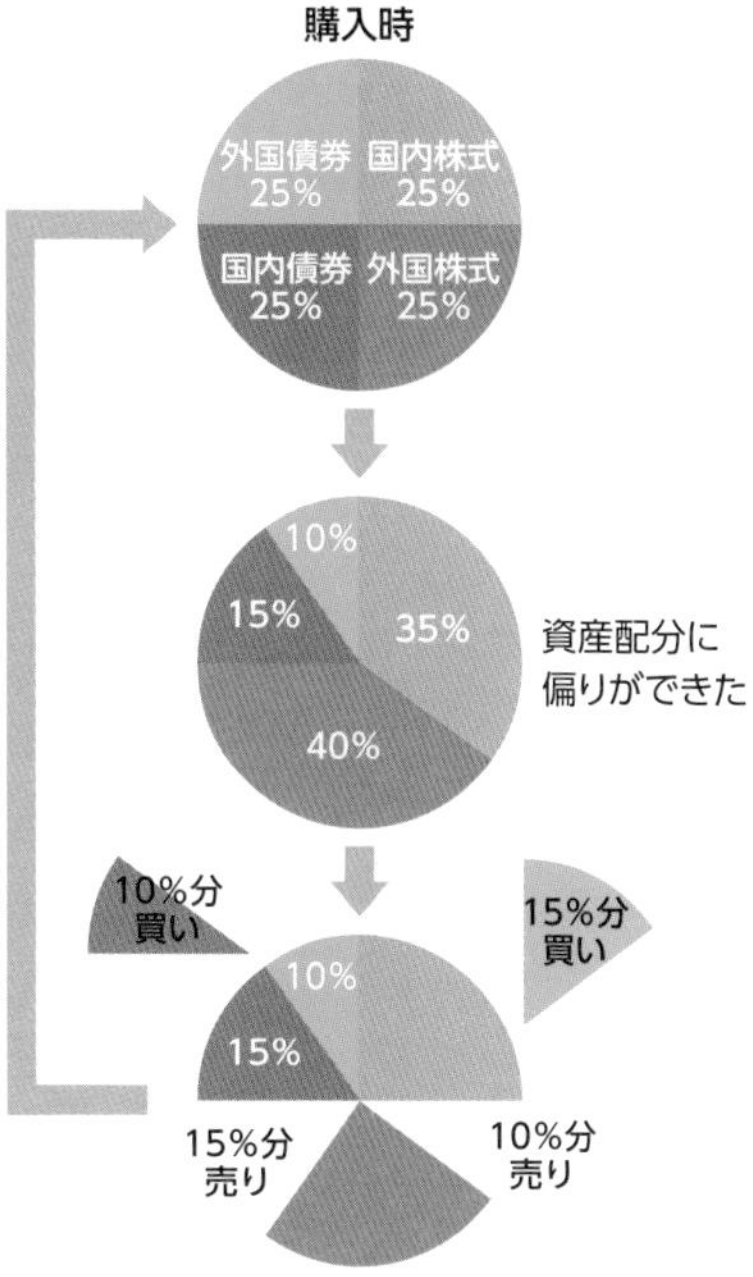

増えた資産を売って、減った資産を買うことで資産の比率を元に戻す。比率は一気に戻るが、手数料がかかる場合もある。

配分変更もスイッチングも、資産配分が15～20%以上変わったというときに行えばOK。スイッチングは、繰り返すとコストがかさむこともあるので注意しましょう。

Topic 8

お金がなくて運用が厳しくなったらどうする？

iDeCoの中断は要注意！

NISAの中断は簡単！

収入が減るなどして、運用に回すお金を支払うのが厳しくなることもあるでしょう。そんなときは、毎月の投資金額を減らしたり、支払いをストップしたりできます。**NISAの場合、減額やストップは自由です。**NISAでしている積立投資はいつでも減額・増額、ストップ・再開ができます。手続きはネットで可能。また、成長投資枠での一括投資もしなければいいだけですので、特に問題ありません。

しかし、iDeCoではそうはいきません。**iDeCoの減額やストップは、書類での手続きをする必要があります。**

iDeCoの中断は負担が多い

iDeCoの**掛金の減額・増額はできますが、最低金額の５０００円より少なくすることはできません。**また、積立金額の変更は1年に1回までしかできません。

掛金の停止をしたい場合は、運用指図者になる必要があります。運用指図者になると掛金の払込なしで運用だけできます。

ただし、**掛金を減額・停止している間も、毎月の手数料はかかり続けます。**最低でも、口座管理手数料の年２０５２円はどの金融機関でもかかるほか、投資信託の信託報酬も必要です。せっかく貯めた資産が目減りする可能性があるので注意しましょう。

用語解説

運用指図者：iDeCoで、新たに掛金を支払わずに、運用の指示だけ行う人。加入者資格喪失届を出した人や65歳を迎えた人なども運用指図者になる。なお、一定の65歳未満の運用指図者は再び加入者になり、積み立てを再開することも可能。

iDeCoの掛金変更・中断の流れ

●iDeCoの掛金額の変更

1 **金融機関に資料請求**
金融機関のウェブサイトや
コールセンターに問い合わせ
「**加入者掛金額変更届**」を請求

2 **必要事項を記入して返送**

3 **変更完了**
翌月か翌々月から
掛金の金額が変更される

掛金の変更は年1回のみ。金額は1,000円単位で変更可能です。下限は5,000円、上限は人により異なります。

●iDeCoの積立の中断

1 **金融機関に資料請求**
金融機関のウェブサイトや
コールセンターに問い合わせ
「**加入者資格喪失届**」を請求

2 **必要事項を記入して返送**

3 **変更完了**
翌月か翌々月から
掛金の引き落としがなくなる

運用指図者になっている間も口座管理手数料は必要です。口座管理手数料はiDeCoの資産から引かれていきますので、資産が目減りする恐れがあります。

NISAもiDeCoもメリットは長期・積立・分散投資ができること! それによって資産を増やしつつ、税金も非課税になるのです。投資が再開できるようになったらすぐに取り組もう!

Topic 9

退職（転職）したらiDeCoはどうなる？

移換手続きを忘れずに！

自分の年金は持ち運び自由！

転職・独立などの際は積み立てたiDeCo・企業型DCの資産を移換できます。

iDeCo加入者の転職先に企業型DCがある場合は、①企業型DCに資産を移換する、②企業型DCに移換せずiDeCoをそのまま継続する、ことができます。iDeCoと企業型DCを併用することも可能です（→P82）。

また、企業型DC加入者が転職したとき、iDeCoや転職先の企業型DCに移換して運用を続けることも可能です。さらに、独立したり専業主婦（夫）になったりしたときもiDeCoに移換できます。

自動移換に要注意！

ただし、**企業型DCの移換手続きは資格を喪失（今までの会社を退職するなど）してから6カ月以内に行う必要があります。**移換手続きをしないと、資産はその時点の市場価格で換金され、「国民年金基金連合会」に自動移換される場合があります。

こうなると運用もできず、利息もつかないどころか、保管手数料まで差し引かれます。さらに、年金の加入期間としても計算されないため、60歳を過ぎても資産が受け取れなくなる恐れがあるのです。

移換する際に、税金はかかりません。必ず移換手続きしましょう。

Memo

企業型DCの資格喪失後６カ月以内に新たにiDeCoに加入した場合や、自動移換の状態で新たにiDeCoの加入者になった場合には、移換手続きなしで企業型DCからiDeCoへの移換が行われるようになっています。

自動移換のしくみ

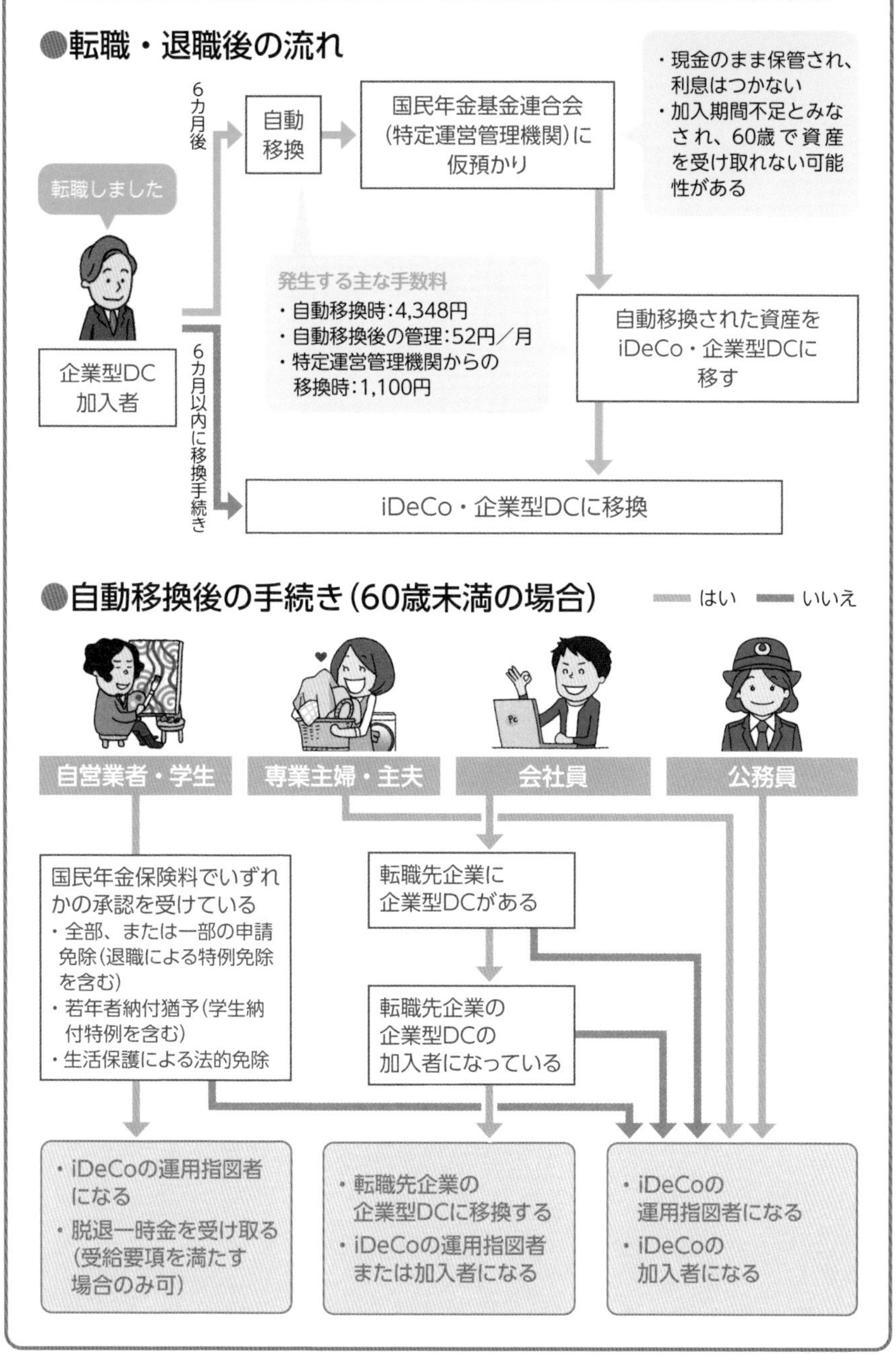
●転職・退職後の流れ
転職しました
企業型DC加入者
6カ月後
自動移換
国民年金基金連合会（特定運営管理機関）に仮預かり
・現金のまま保管され、利息はつかない
・加入期間不足とみなされ、60歳で資産を受け取れない可能性がある
発生する主な手数料
・自動移換時：4,348円
・自動移換後の管理：52円／月
・特定運営管理機関からの移換時：1,100円
自動移換された資産をiDeCo・企業型DCに移す
6カ月以内に移換手続き
iDeCo・企業型DCに移換
●自動移換後の手続き（60歳未満の場合）
はい
いいえ
自営業者・学生
専業主婦・主夫
会社員
公務員
国民年金保険料でいずれかの承認を受けている
・全部、または一部の申請免除（退職による特例免除を含む）
・若年者納付猶予（学生納付特例を含む）
・生活保護による法的免除
転職先企業に企業型DCがある
転職先企業の企業型DCの加入者になっている
・iDeCoの運用指図者になる
・脱退一時金を受け取る（受給要項を満たす場合のみ可）
・転職先企業の企業型DCに移換する
・iDeCoの運用指図者または加入者になる
・iDeCoの運用指図者になる
・iDeCoの加入者になる

Topic 10

始めたあとに金融機関を変えたくなったら……

金融機関って一生変えられないの？

NISAの金融機関の変え方

NISAを利用する金融機関は、1年に1回変更できます。NISA口座を開設している金融機関に金融機関を変更することを伝えると、「勘定廃止通知書」または「非課税口座廃止通知書」という書類が届きます。この書類を変更先の金融機関で口座開設を行う際に必要な書類とともに提出すると、金融機関の変更が完了します。

ただし、**年内に1度でもNISA口座を利用した取引をしている場合、変更は翌年から**となります。変更の手続きは変更したい年の前年10月1日からできるので、早めに手続きをしておきましょう。

iDeCoの金融機関の変え方

iDeCoを利用する金融機関も「運営管理機関の変更」という手続きで変更できます。新しくiDeCo口座を開設したい運営管理機関から「加入者等運営管理機関変更届」を取り寄せ必要事項を記入し、返送します。その際、改めて配分指定を行います。これまで運用してきた資産についても、どの商品で運用するかを決めます。

変更先の金融機関に同じ投資信託などの商品がある場合でも、商品をそのまま移管することはできません。また、**変更手続きには2カ月程度かかり、この期間は運用ができません**ので要注意です。

Memo

iDeCoの金融機関を変更するとき、国民年金基金連合会や移換先の金融機関に支払う手数料はありません。ただ、もとの金融機関には「移換時手数料」という手数料を支払う場合もあります。利用している金融機関で確認しましょう。

利用する金融機関は変えられる

●NISAの金融機関変更の例

1 これまでの金融機関で変更の手続き

2 届く書類に必要事項を記載・必要書類を用意

- **「勘定廃止通知書」**または**「非課税口座廃止通知書」**を提出
- **「NISA口座開設申込書」**を提出
  それぞれ、金融機関から届く用紙に必要事項を書く
- 本人確認書類、マイナンバー確認書類

3 変更先の金融機関に提出

4 問題なければ口座開設完了！

よりよい金融機関に乗り換えることができるよ！

●iDeCoの金融機関変更の例

1 変更先の金融機関に資料請求

2 届く書類に必要事項を記載・必要書類を用意

- **「加入者等運営管理機関変更届」**を提出
  掛金・移管金の配分指定も行う
- 本人確認書類、マイナンバー確認書類

3 変更先の金融機関に提出

4 問題なければ口座開設完了！

変更には時間も手間もかかるから、できれば最初から長く付き合える金融機関を選びたいですね。

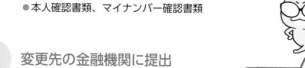

Topic 11

受け取り方で税金が大きく変わってくる！

iDeCo、最後はどうやって受け取る？

節税効果が高い退職所得控除

会社員・公務員・国民年金の任意加入者は、65歳未満までiDeCoの掛金を出せます（そのほかの方は60歳未満まで）。その後、75歳になるまでに資産を受け取り始めるルールです。65歳以降75歳までの間は、**新たな掛金は出せませんが、受け取り開始までは資産を運用益非課税で運用できます。**

資産の受け取り方法には「一時金」と「年金」があります（併用も可）。そして、**受け取り方次第で支払う税金額が変わります。受け**取り方次第で支払う税金額が変わります。一時金で受け取ると、退職金の税金は「退職所得控除」を超えた分のみにかかるようになり、一般に高い節税効果があります。

退職金も考慮しておこう

退職金とiDeCoの両方を受け取る場合、**どちらを先に受け取るかによって税金が変わります。**iDeCoが先なら、退職金の退職所得控除は「前年から4年以内」が合算の対象、退職金が先なら、iDeCoの退職所得控除は「前年から19年以内」が合算の対象です。つまり、先にiDeCoの一時金を受け取り、5年空けてから退職金を受け取れば、それぞれの退職所得控除が使えて有利になります。退職金の受け取り年齢が決まっている場合は、**iDeCoの受け取りを翌年以降に回すだけでも、税金を減らせる可能性があります。**

用語解説

任意加入：国民年金の受給資格を満たしていない方や、加入期間が40年に満たない方が加入できる制度。対象は60歳以上65歳未満。iDeCoの加入条件は国民年金に加入していることなので、任意加入者もiDeCoに加入できる。

iDeCoの税金を減らせる退職所得控除

●退職所得控除の計算式（原則）

※勤続年数の年未満の端数は切り上げ

勤続年数	退職所得控除
20年以下	40万円×勤続年数 (80万円に満たない場合には80万円)
20年超	800万円+70万円×(勤続年数ー20年)

iDeCoの場合は勤続年数の代わりに「加入年数」を使います。

ただし！ 勤続年数と加入期間に重複があると……
期間の長いほうで退職所得控除を計算する

●退職金・iDeCo どう受け取るかで税金が変わる

① 同時に受け取る　退職金　iDeCo　合計金額から退職所得控除を引いた額に課税

② 先　退職金　→　後　iDeCo　**20年**空ければそれぞれの控除が使える

③ 先　iDeCo　→　後　退職金　**5年**空ければそれぞれの控除が使える

税金額はどう変わる？

もらい方次第で税金がゼロになる場合も！ iDeCoが先にできないかチェックしましょう。

（試算条件）
- 勤続年数…60歳時点で38年（65歳時点で43年）
- 加入年数…60歳時点で20年（65歳時点で25年）
- 退職金…60歳時点で2,100万円、65歳時点で2,300万円
- iDeCo…60歳時点で800万円、65歳時点で1,000万円
  ②の60歳以降のiDeCoの掛金は毎月2万円
  所得税率5％（住民税は一律10％）

①60歳で退職金とiDeCoの一時金を同時に受け取った場合の例

額面合計 **2,900万円**　手取り **2,816.75万円**　税金合計 **83万2,500円**

手取りを多くしたいならおすすめできない

②60歳で退職金、65歳でiDeCoの一時金を受け取った場合の例

額面合計 **3,100万円**　手取り **3,007.75万円**　税金合計 **95万2,500円**※1

5年多くiDeCoの運用ができた分、手取りは増えた

※1　iDeCoの掛金５年分の所得控除による節税効果　計18万円を考慮

③60歳でiDeCoの一時金、65歳で退職金を受け取った場合の例

額面合計 **3,100万円**　手取り **3,100万円**　税金合計 **0円**

退職所得控除のおかげで
一時金・退職金とも税金ゼロ！

※上記①〜③は、復興特別所得税を考慮せずに算出

Topic 12

NISAの出口戦略はどうすればいい？

運用しながら取り崩すのがベスト！

定額取り崩しと定率取り崩し

資産は、ただ取り崩すよりも運用をしながら取り崩すほうが長持ちします。

資産の取り崩しの方法には、**「毎月○円ずつ」と、資産を毎月一定の金額ずつ取り崩す「定額取り崩し」**と、**「毎月資産の○%ずつ」と、資産を毎月一定の比率で取り崩す「定率取り崩し」**があります。

定額取り崩しは、取り崩す金額がわかりやすいのですが、一般に定率取り崩しよりも資産の減りが早いという難点があります。

その点、定率取り崩しは定額取り崩しより資産が長持ちするのですが、年を追うごとに受け取れる金額が減ってしまいます。

「前半定率・後半定額」が合言葉

おすすめは、2つの方法を組み合わせることです。**前半の資産が多いうちは定率、資産が少なくなってきたら定額で取り崩すことで、上手にお金を使えます。**前半の元気なうちにお金をたくさん使える点もメリットです。NISAの改正により、誰でも生涯にわたって非課税で投資できる時代です。ただ取り崩すだけでなく、**運用をしながら取り崩すことを考えましょう。**

楽天証券「定期売却サービス」など、定率・定額での取り崩しが自動的に行われるサービスもあります。手間なく資産を取り崩せるので、あればぜひ活用しましょう。

Memo

あの世にお金は持っていけません。「前半定率、後半定額」でお金を上手に取り崩しながら、亡くなるときにはお金を使い切る「DIE WITH ZERO」を目指すことをおすすめします。

前半は定率・後半は定額がおすすめ

●3,000万円の資産の取り崩しの比較

例：資産3,000万円を「運用せず毎年240万円ずつ取り崩し」「年利4%で運用しながら毎年240万円ずつ定額取り崩し」「年利4%で運用しながら毎年8%ずつ定率取り崩し」した場合

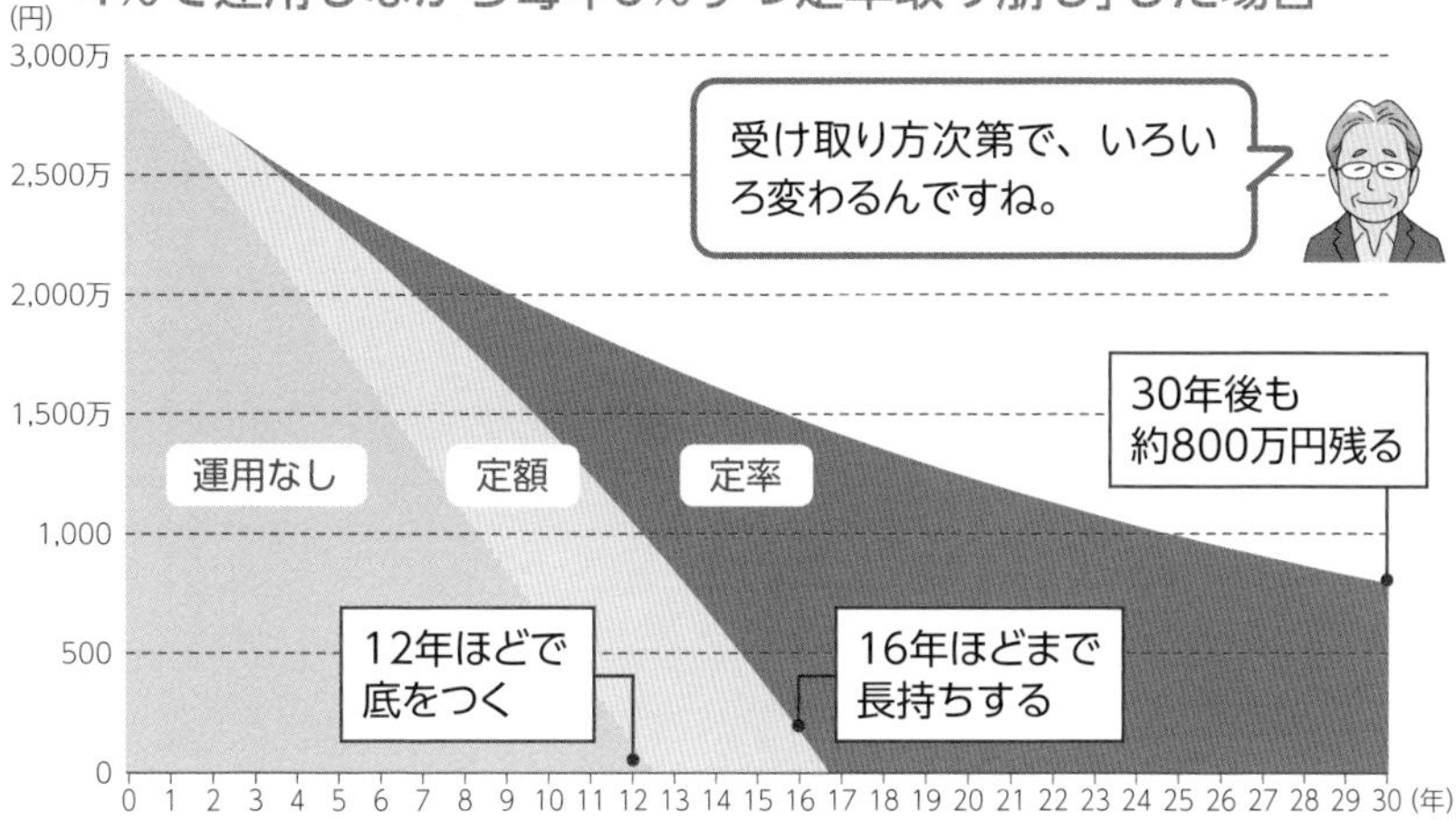

●前半は定率取り崩し、後半は定額取り崩しした場合

例：資産3,000万円が1,500万円になるまでは「年率4%で運用しながら毎年8%ずつ定率取り崩し」、1,500万円を切ったら「年利4%で運用しながら毎年120万円ずつ定額取り崩し」した場合

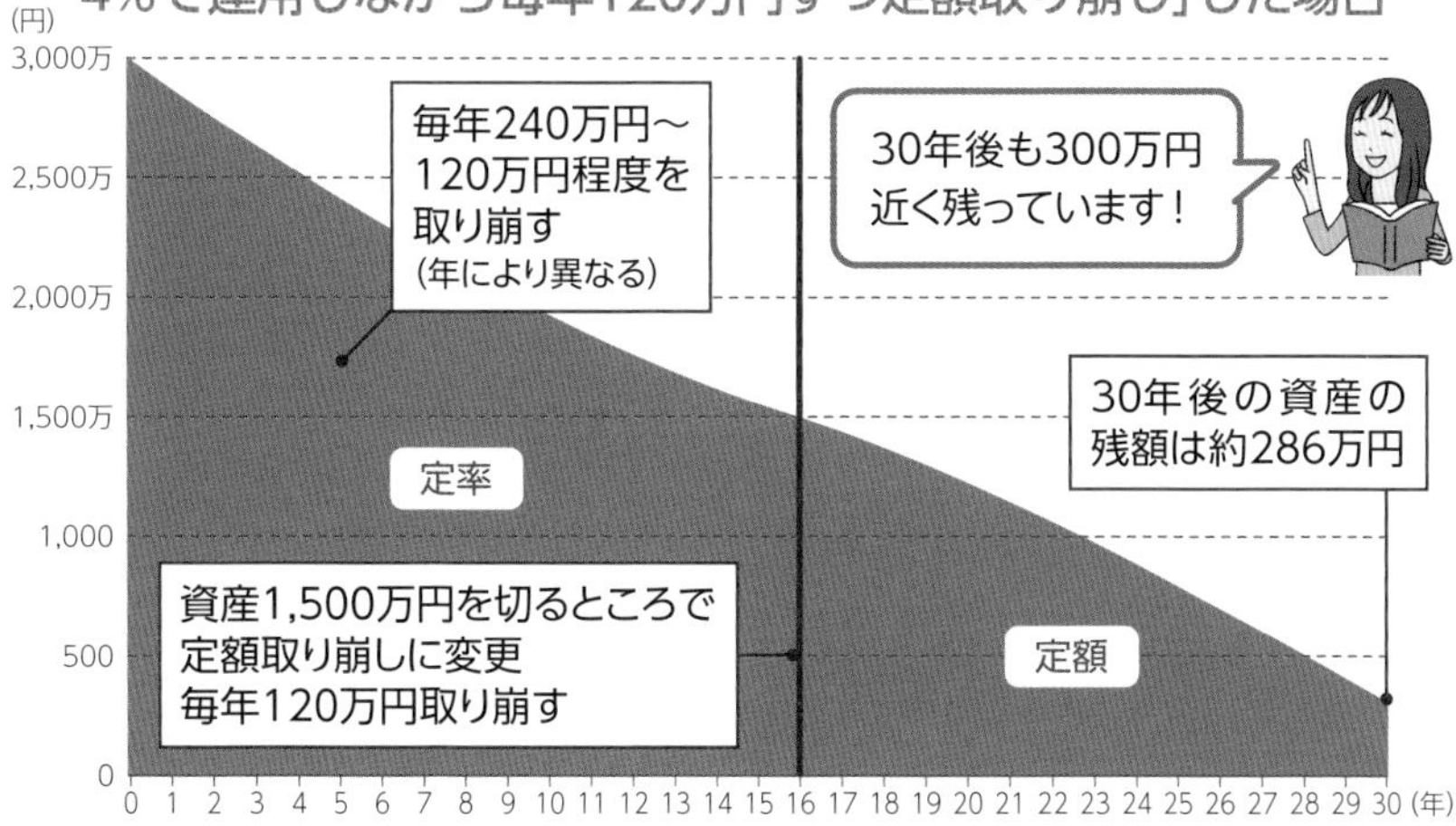

Column

☑ 投資系インフルエンサーって信頼していい?

投資系インフルエンサーと呼ばれる人たちがいます。SNSなどを使って投資の情報を発信している人たちです。ひとことで投資系インフルエンサーといっても、いろいろな人がいます。そして、なかには詐欺的な行為をはたらく投資系インフルエンサーも残念ながらいます。

「元本保証で大きく増える投資をあなただけに教えます」といわれたら、どうしますか？　もちろん、リスクとリターンは相関関係がありますから、元本保証で大きく増える投資などありません。しかし、ちょっと気になってしまう方もいるでしょう。そうして、SNSのアカウントをのぞいてみると、フォロワーや「いいね」の数が何千も何万もある……。それを鵜呑みにして、だまされてしまう人もいるのです。

以前、某社の創業者が実施した「お金配り」が話題になりました。その後、雨後のたけのこのようにお金配りをするというアカウントが増殖しました。しかし、増殖したそれらのアカウントが本当にお金を配っているという話はまずありません。おそらく、実際に応募してきた人の個人情報を詐欺師に売るなどして、稼いでいるのでしょう。

また、「億トレーダー」を自称して有料で投資助言を行う投資系インフルエンサーが検挙されたことも。報道によると数億円単位でお金を集めていたといいますから、だまされる人はやはりいるのです。

もちろん、有益な情報を発信している投資系インフルエンサーや、大勢の人から支持されている投資系インフルエンサーも多くいます。しかし、「おいしい話」をちらつかせてくるような投資系インフルエンサーは、まず間違いなく詐欺です。「できることなら簡単にお金を増やしたい」という心理につけこんで、あの手この手で人をだまそうとしてきます。しかし、おいしい話には必ず裏があります。「楽して稼げる」なんてことは、この世にはないのです。

投資系インフルエンサーの情報に接したら、その情報はどんな人が発信しているのか、情報を発信することでその人にどんなメリットがあるのかをよく考え、だまされないように自衛しましょう。

おわりに

直近では、コロナショック、ウクライナショックなど大きな暴落が起こっています。暴落時に一番やってはいけないのは「長期積立をやめること」です。慌てて売ったり、積み立てをやめてしまったりすると、その後、価格が戻ってきても損失から回復することができなくなるからです。投資しているお金は、今すぐ必要なお金ではなく、10年・20年と長期にわたって投資することが前提の余裕資金のはず。これから長期積立投資を始める人も、すでに始めている人も、焦ってやめるのではなく、コツコツと続けることが大切です。

本書は、２０２０年に初版が発売されたものの四訂版です。大改正した新ＮＩＳＡやｉＤｅＣｏとの併用についての内容を充実させて、今まで以上に読者のみなさんが一生涯にわたって資産形成できるよう作り上げました。ですが、なかには、直接アドバイスを受けたい方がいるかもしれません。そんな時に活用していただきたいのが、プロの力です。

お金は一生を通じてつきあうもの。その時々で必要な知識や手段は変化します。ご自身でも勉強することは必要ですが、必要に応じてプロから適切なアドバイスを受けることができれば、結果も早く出せます。

毎日の積み重ねが将来を形作ります。今やるか、後でやるか。続けるか、続けないか。最後に筆者が大好きなドイツの文豪ゲーテさんの言葉を贈ります。

〝願っているだけでは十分ではない、行動せよ。知っているだけでは十分ではない、実行せよ。〟

頼藤　太希（マネーコンサルタント）
高山　一恵（ファイナンシャルプランナー）

投資生活は始まったばかり…

―帰り道―
まだまだ投資マスターへの道は長いようだわ…
はぁ…
でもきっと大丈夫ですよ先生たちが味方ですし！
そうだよね！
確かに！俺　去年の俺とは全然ちがうもん！
登録者数5人増えたもんね1年間でたった5人…
多分向いてないからやめたほうがいいよ
そっちじゃない！
投資とか…去年までの俺なら絶対なんのことかわからなかった
うん　でもって悲惨な老後を迎えていたと思う

なんてこと言うんですかっ
でも始めてみると意外と簡単でした

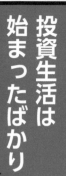

苦手意識強すぎただよね
将来の不安も少なくなったから前より落ち着いて生活できているし

私は お金のこと いろいろ考えて 生活するように なりました
わかる! 無駄なことに お金使うなら 投資に回せる! とか 思うように なった
やめよう!
2万円
俺も もうちょっと投資額 増やしたいな…
今2万円なんだけど
でも最初のころよりは 投資額増えたじゃん! 最初は数千円 だったのに…
エライ!
それも きっと成長した証って ことだね!
ふふっ
テレるな
俺 YouTuberとしても 成功して 投資家としても 成功して みせます!
だね
先輩 お腹 すきません?
じゃあ 今日は成長した二人に 先輩がおごってあげよう!
ありがとう ございます!
よーし がんばるぞー
―二人の長い投資生活は まだ始まったばかり―

索引 Index

あ行

アクティブ型……136・138
一時金……72
一般NISA……40
一般口座……96
インデックス型……136
インフレリスク……122
運営管理手数料……104
運用益……39・74
運用益非課税……39・70
運用指図者……80・176
運用利回り……118

か行

確定申告……56・110
掛金……68・72・76・82・106・176・182
課税口座……38・40
加入期間……80
株式型ファンド……124
株式投資……44・94・146・150
株主優待……50
為替ヘッジ……124
簡易NISA口座……92
元本確保型……78・122
元本割れ……52
企業型DC……76・178
企業型確定拠出年金……76
基準価額……138・170
金融機関……94・104・154
繰上償還……138
繰越控除……56
源泉徴収……96
源泉分離課税……70
コア・サテライト戦略……162・164
コア資産……162・164
口座開設……92・103
控除……66
厚生年金……64
公的年金制度……64
公的年金等控除……66・72
高配当株……148・164
国内株式型……124
国民年金……64・82
個人型年金加入申出書……102・106

さ行

債券……126
債券型ファンド……126
再投資……98
債務不履行……126
指値注文……100
サテライト資産……162
事業所登録申請書兼第2号加入者に係る事業主の証明書……102
指定運用方法……108
自動移換……178
事務手数料……104
住民税……66・110
ジュニアNISA……40
純資産総額……138・170
生涯投資枠……46
小規模企業共済掛金控除証明書……110
小規模企業共済等掛金控除……68
証券コード……100
所得控除……68・166
所得税……66
新興国株式型……124
人生の三大資金……20
信託報酬……134・136・138
シンボル……142
スイープサービス……94

スイッチング 174
税制優遇 66
成長投資枠 44・46・48・100・144・164
節税効果 70
専業主婦(夫) 84
先進国株式型 124
全世界株式型 124・144
損益通算 56

た行

ターゲットイヤー型 132
退職金 182
退職所得控除 66・72・182
単元株 146
長期投資 26・52・54
つみたてNISA 40
積立投資 26・172
つみたて投資枠 42・46・48・98・142・164・168
定期預金 78・122
ティッカー 142
投資信託 78・124・126・128・130・132・136・138・140・142・172
東証株価指数 124
特定口座 96
取引状況のお知らせ 170
ドルコスト平均法 54

な行

成行注文 100
日経平均株価 124
任意加入 182
任意加入被保険者 82
値上がり益 50
年金 72
年単位拠出 106
年末調整 110

は行

配当金 50・148
配当利回り 148
配分指定 108
配分指定書 108
配分変更 174
バランス型ファンド 130
非課税期間 40
被保険者 64
ファンドマネジャー 136
複利効果 74
不動産投資信託 128
不労所得 164
分散投資 26・130・160
分配金 50・98
ペイオフ 78
ベンチマーク 138
ポートフォリオ 160・168
保険 78・122

ま行

マッチング拠出 82

ら行

ライフイベント 20
リーマンショック 172
リスク 52・120・128・132・160
リスク許容度 120
リスクコントロール型 132
リバランス 130・174
連続増配株 148・164

アルファベット

ETF 142・152
J-REIT 128
REIT 128
S&P500 74
TOPIX 124

著者紹介

頼藤 太希（よりふじ たいき）

株式会社 Money & You 代表取締役。中央大学商学部客員講師。早稲田大学オープンカレッジ講師。慶應義塾大学経済学部卒業後、アメリカンファミリー生命保険会社にて資産運用リスク管理業務に 6 年間従事。2015 年に株式会社 Money & You を創業し、現職へ。『定年後ずっと困らないお金の話』（大和書房）、『マンガと図解 はじめての資産運用』（宝島社）など著書累計 130 万部超。日本証券アナリスト協会検定会員。ファイナンシャルプランナー (AFP)。
X (旧 Twitter) → @yorifujitaiki

高山 一恵（たかやま かずえ）

株式会社 Money & You 取締役。慶應義塾大学文学部卒業。2005 年に女性向け FP オフィス、株式会社エフピーウーマンを創業、10 年間取締役を務め退任後、現職へ。講演活動、執筆活動、相談業務を行い、女性の人生に不可欠なお金の知識を伝えている。『11 歳から親子で考えるお金の教科書』(日経 BP)、『マンガと図解でしっかりわかる はじめてのお金の基本』（成美堂出版）など著書累計 130 万部超。ファイナンシャルプランナー（CFP）。1 級 FP 技能士。
X (旧 Twitter) → @takayamakazue

●編集：有限会社ヴュー企画（山角優子）
●執筆・編集協力：株式会社 Money & You（畠山憲一）
●デザイン：有限会社アイル企画
●マンガ・イラスト：上田惣子
●企画編集：成美堂出版編集部

本書に関する正誤等の最新情報は、下記のアドレスで確認することができます。
https://www.seibidoshuppan.co.jp/support/

上記 URL に記載されていない箇所で正誤についてお気づきの場合は、書名・発行日・質問事項・ページ数・氏名・郵便番号・住所・ファクシミリ番号を明記の上、**郵送**または**ファクシミリ**で**成美堂出版**までお問い合わせください。
※電話でのお問い合わせはお受けできません。
※本書の正誤に関するご質問以外にはお答えできません。また運用相談などは行っておりません。
※ご質問の到着後、10 日前後に回答を普通郵便またはファクシミリで発送いたします。

本書は資産運用ならびに投資に役立つ情報の提供を目的としたもので、特定の投資行為の推奨を目的としたものではありません。また、本書ならびに執筆者、出版社等が投資結果の責任を持つものではありません。投資およびそのほかの活動の最終判断は、ご自身の責任のもとで行ってください。

はじめての新NISA&iDeCo

2024年3月10日発行

共　著　頼《より》藤《ふじ》太《たい》希《き》　高《たか》山《やま》一《かず》恵《え》

発行者　深見公子

発行所　成美堂出版
〒162-8445　東京都新宿区新小川町1-7
電話(03)5206-8151　FAX(03)5206-8159

印　刷　株式会社フクイン

ISBN978-4-415-33377-9
落丁·乱丁などの不良本はお取り替えします
定価はカバーに表示してあります